두근두근,
꿈과 마주하기

**두근두근,
꿈과 마주하기**

초판 1쇄 2016년 2월 일

지은이 김지항 · 안은정 · 안향선 · 이창숙
펴낸이 백건택
디자인 한영애
손그림 박연우

펴낸곳 미소북스
출판등록 제305-2010-000031
주소 서울시 동대문구 전농동 60-292
전화 02-2245-1860
smilebooks@hanmail.net
ISBN 978-89-965328-3-5

가격은 뒤표지에 있습니다.

* 이 책에 실린 자료 중 저작권자와 연락이 닿지 않아 게재 허락을 받지 못한 것이 있습니다.
  저작권을 가지신 분께서는 출판사로 연락주시기 바랍니다.

진로교육의 현장에서 얻어진 경험과 지식을 바탕으로 한 진로지도의 지침서!

두근두근, 꿈과 마주하기

김지항 · 안은정 · 안향선 · 이창숙 지음

이 책은 활동지 중심으로 이루어져 있어 현장에서 진로를 지도하실 진로진학 선생님과 커리어코치 진로코디네이터 그리고 사범대의 예비교사 학생들이 곧바로 활용할 수 있는 진로지도의 지침서가 될 수 있습니다. 더불어 자녀의 진로지도에 많은 관심을 갖고 계신 부모님들 또한 자녀와 어렵지 않고 재미있게 활용할 수 있는 좋은 도구가 될 수 있을 것입니다. 무엇보다도 청소년들 스스로 해 보고 싶은 동기가 생기는 책을 만들어보고자 노력했던 저자들의 바람에 맞게 청소년들이 스스로 선택하고 탐색하는 매력적인 지침서가 될 수 있을 것이라 생각합니다.

추천사

빠르게 변화하는 교육환경 속에서 진로지도의 중요성은 더욱 강조되고 있습니다. 특히 2016년 전면 시행되는 자유 학기제에 진로지도를 해야 하는 현장의 교사와 진로지도자들에게 이 책이 구체적인 프로그램을 제공하는 유용한 지침서가 될 수 있을 것입니다.

김봉환 | 숙명여자대학교 교육학부 교수

이 책은 모든 연령대의 청소년을 위하여 진로교육의 현장에서 얻어진 많은 경험과 지식을 바탕으로 청소년들이 자신을 정확하게 이해하고 꿈과 끼를 찾을 수 있도록 안내합니다. 특히 진로 탐색의 동기를 가질 수 있도록, 재미있는 활동을 다양하고 풍부하게 제시하여 청소년들이 신명나게 따라 해 볼 수 있다는 것이 뛰어난 장점입니다. 이 책을 통해 진로를 찾아가는 많은 청소년들과 그들을 지도하시는 진로지도 선생님들께서 많은 도움을 받을 수 있을 것이라고 믿습니다.

김병석 | 단국대학교 상담학과 교수

인간은 누구나 자신만의 독특한 흥미와 능력을 가지고 있습니다. 오늘날 우리나라 청소년들이 OECD국가 중 가장 불행한 아이라는 조사 결과는 아마도 이러한 개인의 독특성에 대한 관심보다는 성적이라는 하나의 기준으로 줄을 세우고 그들의 독특한 능력을 키워주지도 인정해 주지도 않기 때문일 것입니다.

저자는 현장에서 오랫동안 상담을 하고 진로를 지도하며 지도자를 양성한 경험을 바탕으로 각 개인의 독특한 재능들이 얼마나 다양한지 또 어떻게 그것을 발견할 수 있는 지를 잘 설명하고 있습니다. 당사자인 청소년들 뿐 아니라 부모들에게도 자신을 수용하고 사랑할 수 있도록 글을 통해서, 또 다양한 경험을 통해서 깨달아 가게 돕고 있습니다. 또한 현장에서 일하고 있는 상담자들도 다양한 진로 지도 자료들을 통해 풍성한 도움을 받을 수 있을 것입니다.

이 책을 통해 자신의 진로 성향을 발견하고 적절한 직업을 꿈꿀 수 있는 행복한 아이들이 더 많아지기를 기대해 봅니다.

김현옥 | 푸른숲심리상담센터 소장, 《공감》 저자

대부분 선생님들은 아이들을 지도할 때 바쁜 일과로 교육 자료를 준비할 시간이 부족합니다. 이 책은 선생님들이 활동지를 따로 준비하지 않아도 바로 사용할 수 있도록 잘 만들어진, 현장에서 꼭 필요한 내용으로 구성된 책입니다. 교사 입장에서 많은 도움이 되며 꼭 갖고 싶은 책으로 아이들과 함께 교실에서 재미있게 활용해 보고 싶습니다.

김구원 | 청솔 초등학교 교사

차례

추천사 _4
책을 펴내며 _10

I 토닥토닥 마음

들어가기 내 모습 그대로 • 16

나를 나답게 _18
알쏭달쏭 나 • 22 | 마음 체인지 • 24 | 열등감을 딛고 • 25
신비한 그릇 • 26 | Up up! 자존감 • 30

나를 사랑하기 _34

내 감정 알아주기 _39
감정퍼즐 • 41 | 감정일기 • 42 | 감정스토리 • 44

감정 표현하기 _45
사감바로 내 감정 표현하기 • 46

스트레스 _47
나의 스트레스 • 49 | 나를 힘들게 하는 것 • 50

스트레스 관리하기 _51

다시 일어나기 _54
나의 회복탄력성은? • 56 | 감사쪽지 • 59 | 나에게 쓰는 편지 • 61

무럭무럭 강점

II

들어가기 토끼와 거북이 그 후 이야기 • 64

내가 잘하는 것은? _66
나 이런 사람이야~~ • 67

다중지능으로 강점찾기 _68
다중지능검사 • 70 | 8가지 다중지능 • 73 | 강점피자 만들기 • 75

성격강점 _79
나의 성격강점 best 3 • 82 | 나의 강점지수는? • 83 | 강점뉴스 • 85
내가 만드는 강점카드 • 87 | 나만의 무한도전 • 88

Self Marketing _89
Self Marketing • 90

성공인물의 강점찾기 _91
롤모델의 강점찾기 • 95

제3의 강점, 흥미 _97
고래의 꿈 • 98 | 내가 좋아하는 일은? • 100

강점활용전략-SWOT분석 _103
SWOT분석 • 104

미래인재의 조건 _105
페르미 추정 • 107

자기충족예언 _111
자기충족예언 • 112

III

두런두런 직업

들어가기 연수의 일기 • 116

일과 직업, 어떤 차이가 있나요? _120
직업 OX 퀴즈 • 122

퀴즈로 알아가는 다양한 직업 _124
숨겨진 직업을 찾아라 • 125 | 가로세로 직업 퍼즐 • 126
가로세로 직업 퍼즐 열쇠 • 127 | 직업 골든벨 • 128 | 직업갤러리 • 131

직업의 생로병사 _135
직업 타임머신 • 136 | 이색직업 • 138

미래 직업 메가트렌드 _142
무한상상 직업 • 145

직업정보 탐색하기 _148
직업정보 알아보기 • 149

직업 가치관 _150
직업 가치관의 종류 • 153 | 직업 가치관 뽑기 • 155

퀴즈 정답모음 _156

IV 뚜벅뚜벅 목표

들어가기 꽃으로 피어나다 • 162

탈출, 결정장애 _164
나의 의사결정 유형은? • 165 | 의사결정의 세가지 유형 • 167

합리적인 의사결정 _168
실전! 의사결정 연습 1 • 170 | 실전! 의사결정 연습 2 • 171

당신의 꿈은 몇 개입니까? _172
존 고다드의 꿈 목록 • 174 | 나의 꿈 목록 • 176

꿈과 비전 _178
드림스케치 • 179 | 꼴라쥬로 꾸미는 드림스케치 • 181

10년 후 어느 날 _183

꿈을 이루는 열쇠 _188
목표다트 • 190

꿈의 여정(Career Path) _192
꿈의 여정 • 194

꼭! 이루마 선언문 _196
꼭! 이루마 선언문 작성 • 197 | 꼭! 이루마 선언문 • 199

자유학기제 15주프로그램 예시 _202
자료출처 _203
부록 _204

책을 펴내며…

커리어 코치로 처음 진로코칭수업을 하러 교실에 들어갔을 때가 생각납니다. 하고 싶은 것이 없다는 아이들, 뭐가 되고 싶은지 알 수 없다는 아이들, 알고 있는 직업이라고는 부모님의 희망리스트에 들어가 있는 의사, 판사, 변호사 등 손으로 꼽을 수 있는 직업 정도만 알고 있으며, '우리 엄마가 공무원하래요, 철가방이라고…'를 말하는 아이들에게 어디서부터 어떻게 진로교육을 이야기해야 할 지 참 막막하였습니다.

2013년도부터는 시험부담에서 벗어나 토론과 실습 등 직접 참여하는 수업을 통해 꿈과 끼를 찾고 다양한 체험활동을 하게 하려는 취지에서 자유학기제가 시작되었고, 2016년에는 모든 중학교에서 실시될 예정이라고 합니다. 한 학기에 두 차례 이상 종일 체험 활동을 실시하고 학생이 스스로 진로체험 계획을 세우면 학교가 출석으로 인정하는 자기주도 진로체험이 시행됩니다. 이처럼 청소년들의 진로 탐색은 학교 교육 운영의 더욱 큰 비중을 차지하며 지속적인 국가의 중요한 목적사업이 되고 있습니다. 나라에서 힘써 청소년들의 진로 탐색에 관심과 투자를 하는 이유는 두말 할 필요가 없을 것입니다.

'진로교육을 지루한 것으로 생각하고 동기부여가 되지 않는 아이들에게 어떻게 접근할 수 있을까?' 하는 것이 현장에서 진로교육을 담당했던 4인의 저자들이 가장 심각하게 고민하는 부분이었습니다. '구슬이 서 말이라도 꿰어야 보배'라는 속담이 있듯이 진로에 관한 훌륭한 많은 책들도 청소년들이 흥미를 갖고 동참하지 않으면 도움이 되지 못하고 책꽂이를 장식하는 도구가 되고 말 것입니다. 재미있게 활동을 하는 사이 자신에 대해 알아가고, 직업에 대한 정보를 접하며, 꿈을 그릴 수 있는 그런 진로교육 콘텐츠는 없을까 고민이 깊어 갔습니다.

저자들이 매주 만나 활동을 연구하고, 현장에 적용해 본 뒤 수정. 보완하는 과정을 거쳐 나온 이 책은 요즘 청소년들에게 가장 필요한 요소인 인성과 자존감 내용을 자신의 강점과 더불어 살펴볼 수 있도록 꾸며 보았습니다. 이론보다는 활동중심과 시각적 이미지를 더하여 활동 하나하나를 재미있게 해 가는 동안 자기이해, 직업세계탐색, 의사결정, 목표설정 등의 과정을 자연스럽게 마침으로써 자신에 대한 이해와 진로탐색에 필요한 정보를 알아가도록 하였습니다.

진로탐색은 재미있어야 한다는 것이 저희들의 공통된 생각입니다. 자신의 미래의 꿈을 찾아가는 작업이 흥미진진하지 않을 수 없기 때문입니다. 자신의 미래에 대해 생각할 때 가슴 두근거림이 없고, 오히려 암울해지거나 아무 생각이 없다면 먼저 내 안에 '자신감'이 결여된 것은 아닌지 돌아볼 필요가 있을 것입니다.

chapter 1. 토닥토닥 마음은 '있는 모습 그대로의 나'를 그대로 인정하고 수용하는 작업입니다. 혹시 스스로에 대해 왜곡된 인지가 있다면 수정해주는 작업도 필요합니다.

chapter 2. 무럭무럭 강점은 우리 각자 안에 있는 '강점'을 발견하여 키워나가는 작업입니다. 우리들은 모두 강점을 가지고 있습니다. 나의 강점을 알고 그 강점을 키워나갈 때 우리는 자기효능감을 더 느낄 수 있습니다.

chapter 3. 두런두런 직업에서는 다양한 직업들을 만나는 장입니다. 재미있는 퀴즈를 풀어나가면서 내가 알고 싶었던 직업 뿐 아니라 새로운 직업, 신기한 직업, 내가 몰랐던 직업들을 만나게 될 것입니다.

chapter 4. 뚜벅뚜벅 목표에서는 인생의 중요한 결정인 '진로선택'을 합리적으로 할 수 있는 방법들을 배우고, 자신의 목표를 구체적으로 정해보는 단계입니다.

이 책은 활동지 중심으로 이루어져 있어 현장에서 진로를 지도하실 진로진학 선생님과 커리어코치 진로코디네이터 그리고 사범대의 예비교사 학생들이 곧바로 활용할 수 있는 진로지도의 지침서가 될 수 있습니다. 더불어 자녀의 진로지도에 많은 관심을 갖고 계신 부모님들 또한 자녀와 어렵지 않고 재미있게 활용할 수 있는 좋은 도구가 될 수 있을 것입니다. 무엇보다도 청소년들 스스로 해 보고 싶은 동기가 생기는 책을 만들어보고자 노력했던 저자들의 바람에 맞게 청소년들이 스스로 선택하고 탐색하는 매력적인 지침서가 될 수 있을 것이라 생각합니다.

 청소년을 사랑하는 지극한 마음과 열정을 담은 책 〈두근두근 꿈과 마주하기〉가 청소년들이 자신의 꿈을 두근거림으로 마주하며 탐색하는데 큰 도움이 되기를 기대합니다. 감사합니다.

저자일동

I

토닥토닥 마음

내 모습 그대로

우쓰기 미호의 치킨마스크라는 동화에서 주인공 치킨마스크는 잘하는 것이 아무것도 없다고 생각합니다. 다른 친구들은 잘하는 것이 하나씩은 있어 보입니다. 계산을 잘하는 친구, 만들기를 잘하는 친구, 달리기를 잘하는 친구, 노래를 잘 부르는 친구…. 그 친구들과 비교하고 보니 잘하는 것이 아무것도 없고 자신은 필요 없는 존재로 느껴졌습니다. 치킨마스크는 이런 생각이 들 때마다 동산에 올라가 아무도 돌보지 않는 꽃들에게 물을 주며 마음을 달랩니다. 그러던 어느 날 다양한 능력을 가진 마스크를 보게 됩니다. 마스크를 하나씩 써보았더니 수학을 잘하게 되기도 하고 노래를 잘 부르게 되는 자신을 보면서 행복해 합니다. 그러다 문득 자신이 진짜 원하는 것이 무엇인지 헷갈리고 머릿속은 복잡해졌습니다.

이때 자신이 돌보았던 꽃들이 치킨마스크에게 다른 마스크가 되지 말라고 이야기합니다. 그 꽃들에게는 치킨마스크의 본래 모습이 소중하게 느껴졌던 것입니다. 그 순간 치킨마스크는 자신도 누구에게는 필요한 존재이며 잘하는 것이 있음을 깨닫게 됩니다.[1]

우리도 치킨마스크와 같은 생각을 한 적이 있을 것입니다. 공부를 잘하는 친구들을 볼 때, 돈이 많은 사람을 볼 때, 성공하고 유명한 사람을 볼 때, "저 사람처럼 되면 행복할텐데…"라고 말입니다

원하는 것을 얻으면 평생 행복할까요?

물론 그것이 이루어진 순간에는 기분 좋고 행복하다고 느끼겠지만 그 만족감은 시간이 지나면 사라져 버리고 말 것입니다.

영원한 행복은 없지만 작은 순간순간들이 모여 지속적인 행복감을 느낄 수 있다면 우리는 행복하다고 느낄 것입니다.

지속적인 행복감은 자신이 잘하는 것을 알고 그것을 잘 발휘하며 살아갈 때 얻을 수 있습니다.

내가 잘하는 것을 알고 잘 발휘하기 위한 첫걸음은 자신을 사랑하고 소중히 여기는 것입니다.

자신에게 관심 갖고 나도 괜찮은 사람이라고 여길 때, 내가 가진 것을 긍정적으로 바라 볼 때 우리의 하루하루는 더욱더 빛나게 될 것입니다.

자 , 그 첫걸음을 함께 떼어 볼까요?

나를 나답게

중학교 3학년인 수지는 자신이 매우 뚱뚱하다고 생각합니다.
길을 걸어갈 때 누군가 웃으면 자신이 뚱뚱해서 웃는 것 같아
마음이 움츠러들고 위축되곤 합니다.
점점 사람 많은 곳에는 가기 싫고 혼자 있는 것이 편하다고 합니다.
수지는 왜 이런 행동을 할까요?

아마도 수지는 자신이 뚱뚱해서 사람들이 자신을 좋아하지 않을 것이고
잘 할 수 있는 것이 아무것도 없다고 생각했을 것입니다.

여러분은 어떻습니까? 혹시 눈이 작아서, 키가 작아서, 아니면 수지처럼
뚱뚱해서 사람들이 나를 싫어할 것이라고 생각하고 있지는 않나요?
아니면 친구들에게 놀림을 받아서 위축되어 있지는 않나요?

자존감이란 자신을 존중하고 있는 그대로의 나를 수용하는 감정입니다.

여러분은 스스로를 어떻게 생각하고 있습니까?

어떤 비누회사의 광고를 본 적이 있습니다.
서로 다른 입구로 통하는 문 2개를 만들어 사람들에게 선택하도록 했습니다.
각각의 입구에는 Beautiful(아름다움)과 Average(평범함)이라는 간판이 걸려져 있었습니다.
영상 속의 사람들은 대부분 'Average'의 입구로 들어갔습니다.
다른 사람들과 비교했을 때 아름답지 않다고

스스로 생각했기 때문입니다.
매일 평범함의 문으로 들어간 사람들이 하나 둘씩 용기를 내어 아름다움의 문으로 들어가기 시작했습니다.
아름다움의 문으로 들어간 사람들은 자신감이 생기고 "나는 아름답다"고 생각하게 되었습니다.
광고는 Choose Beautiful! (아름다움을 선택하세요) 라고 말합니다.
여러분이라면 어떤 문을 선택하겠습니까?

나에 대한 평가는 곧 선택입니다.

나를 존중하는 마음은 자신에 대해서, 다른 사람에 대해서, 그리고 세상에 대한 긍정적인 이미지로 구성되어 있습니다.
자존감이 높은 사람은 자신을 가치 있고 능력이 있다고 생각하며, 다른 사람에 대해서도 긍정적으로 바라보기 때문에 인간관계가 원만하며 도움이 필요할 때 기꺼이 도움을 요청할 수 있습니다. 세상에 대한 긍정적인 이미지를 갖게 되면 이 세상은 자신이 할 수 있는 일이 많다고 생각하여 새로운 일에 많이 도전 할 수 있게 됩니다.
자존감이 낮은 사람은 자신이 무가치하고 능력이 없다고 생각하며, 다른 사람들이 자신을 좋아하지 않을 것이라고 생각하여 도움을 요청하기를 주저할 수 있습니다. 다른 사람의 말과 행동을 오해하는 경우도 많아 자주 화를 내기도 합니다. 세상에 대해서도 부정적인 이미지를 갖고 있기 때문에 세상은 살기 힘든 곳이고 자신이 할 수 있는 일이 없다고 생각하여 새로운 일이나 환경을 피하려고 합니다.[2]
이처럼 자존감은 우리의 생각과 행동에 많은 영향을 끼칩니다.

자존감의 반대말은 열등감입니다.

열등감이라는 단어를 처음 사용한 사람은 알프레드 아들러(Alfred Adler)라는 심리학자입니다. 내가 느낀 열등감은 어디까지나 다른 사람과의 비교를 통해 만들어낸 주관적인 감정입니다. 즉, 우리를 괴롭히는 열등감은 '객관적 사실'이 아니라 '주관적 해석'이라는 것입니다.

예를 들어 볼까요?
여기에 야구공이 하나 있습니다. 이 야구공은 큰가요?
아니면 작은가요?
크다 혹은 작다라고 대답했다면 그건 틀린 답입니다.
정답은 알 수 없습니다.

야구공을 농구공 옆에 두면 어떻게 보이나요?
작아 보입니다.
골프공 옆에 두면 어떻게 보이나요?
크게 보입니다.
이 야구공을 농구공과 골프공과 비교하는 동안 야구공의 모양이나 크기가 바뀌었나요?
아닙니다. 야구공의 모양과 크기는 그대로이지만 어떤 것 옆에 있는지에 따라 크게 보이기도 하고 작게 보이기도 합니다.
우리는 자신의 있는 그대로의 모습을 바라보는 것이 중요합니다.
각각의 공은 필요에 의해서 알맞은 크기로 만들어 진 것입니다.
야구경기에서 야구공을 대신할 공은 없습니다.
우리의 모습도 그렇습니다.
오로지 나만이 가진 나의 특성이 있고, 나만이 잘할 수 있는 것이 있기 때문에 나를 대신할 사람은 없습니다.

나는 나 그 자체로 가치 있는 존재 입니다.

그런데 현실은 다른 사람과 비교하지 않고 살아갈 수 없고, 여전히 성적이 낮은 나일지도 모릅니다.

이 세상을 살아가는 사람들 중 열등감을 갖고 있지 않은 사람은 없을 것입니다.

열등감이 있다고 나쁜 것만은 아닙니다. 열등감은 때로는 나를 더욱 발전시키는 원동력이 되기도 합니다.

여러분은 어떤 열등감을 갖고 있나요?

열등감이 자신을 발전시켰던 경험이 있었는지 떠올려봅시다.

알쏭달쏭 나

내 안에는 긍정적인 면, 부정적인 면이 함께 있습니다.
이를 써보고 내가 바라는 나의 이상적인 모습도 적어보세요.

나의 긍정적인 면

나의 부정적인 면

내가 바라는 모습

활동샘플

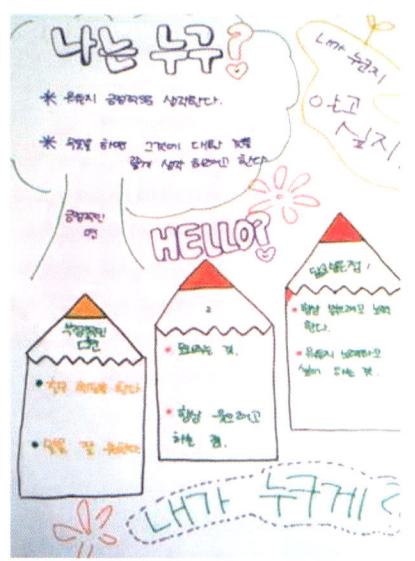

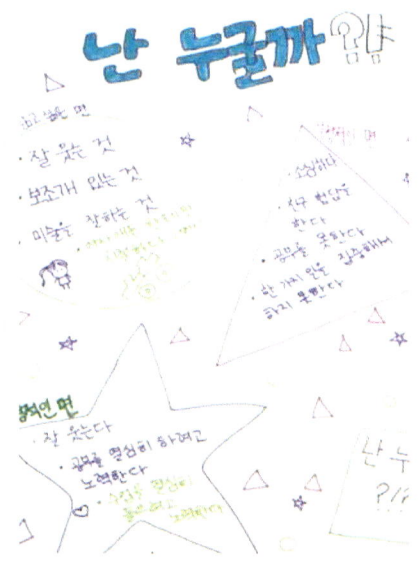

I. 토닥토닥 마음

마음 체인지

열등감을 극복하기 위해 할 수 있는 행동이나 생각을 바꾸는 방법을 찾아서 연결해보세요.

목소리가 작다 •	• 할 수 있는 만큼 계획을 세운다
게으르다 •	• 말을 잘 한다
우유부단하다 •	• 매일 30분씩 줄넘기를 한다
고집이 세다 •	• 자신감을 갖는다
미루는 습관이 있다 •	• 발성연습을 한다
외모에 신경을 쓴다 •	• 실수가 적다
수다스럽다 •	• 정해진 시간에 일어난다
생각이 많다 •	• 패션 감각이 있다
체력이 부족하다 •	• 신중하다
내 생각을 잘 표현하지 못한다 •	• 주관이 뚜렷하다

열등감을 딛고…

나를 발전시키는 열등감을 건전한 열등감이라고 합니다. 건전한 열등감으로 바꾸는 방법은 생각을 바꾸어 다른 관점으로 보는 것과 열등감을 극복하기 위한 나의 행동계획을 세우는 것입니다. 열등감이 있다면 적어보고 건전한 열등감으로 바꿀 수 있는 방법을 적어봅시다.

예시

발표를 못한다 ···▶ 발표할 내용을 적어보고 미리 연습한다. (행동계획)

우유부단하다 ···▶ 신중하게 결정한다. (다른 관점으로 보기)

신비한 그릇

나의 긍정적인 면, 부정적인 면, 원하는 모습 중에서 나라는 그릇에 담고 싶은 모습은 어떤 모습인지 적어봅시다.

활동샘플

이름 꾸미기

모든 사물에는 이름이 있습니다. 우리에게도 나로 불려지는 이름이 있지요.
우리가 살아가면서 가장 많이 듣는 단어가 자신의 이름이라고 합니다.
김춘수 시인의 "꽃" 이라는 시를 보면 이름을 불러주었을 때 비로소 의미 있는 존재가 되었다고 합니다.
이름이 곧 나는 아니지만 나를 대표할 수 있습니다.
이름을 꾸미는 활동을 통해 나와 어울리는 이미지를 찾아보고, 꾸며주는 활동을 통해 나 자신에 대해 생각해 보는 시간을 가졌으면 좋겠습니다.

활동샘플

이름 꾸미기

자신이 꾸민 이름이 갤러리에 전시된다고 생각하고 이름을 멋지게 꾸며보세요.

1. 자신이 좋아하는 색의 크레파스 혹은 색연필을 골라 자신의 이름을 씁니다.
   이름을 쓸 때에는 처음 시작부터 끝까지 손을 떼지 않고 연결해서 쓰도록 합니다.(흘림체로)
2. 이름을 쓴 후에는 이름의 선을 활용하여 다양한 색깔로 떠오르는대로 꾸며줍니다.
3. 이름을 꾸민 후에는 그림의 제목을 붙여주고, 왜 그렇게 꾸몄는지도 적어봅시다.

💕 작품제목:

💕 꾸민 이유:

I. 토닥토닥 마음

Up up! 자존감

Step. 1

자존감은 성취감을 자주 경험하면 높아 질 수 있습니다. 성취감을 경험하기 위해서는 먼저 내가 하고 싶은 일을 많이 떠올려보고 그것을 현재 가능한 일과 불가능한 일로 구분 지어 보는 것이 중요합니다. 예를 들어 '우주여행을 하고 싶다'던가 '로또에 당첨되고 싶다'는 등의 바램은 지금 당장 현실적으로 이루어지기 어려운 것들이지요. 현실적으로 이루기 힘든 일에 나의 힘과 시간을 쏟는 것은 오히려 나의 자존감을 떨어뜨리는 요인이 됩니다. 여러분도 하고 싶은 일을 적어보고 그 중에서 가능한 일과 불가능한 일로 구분해보세요.

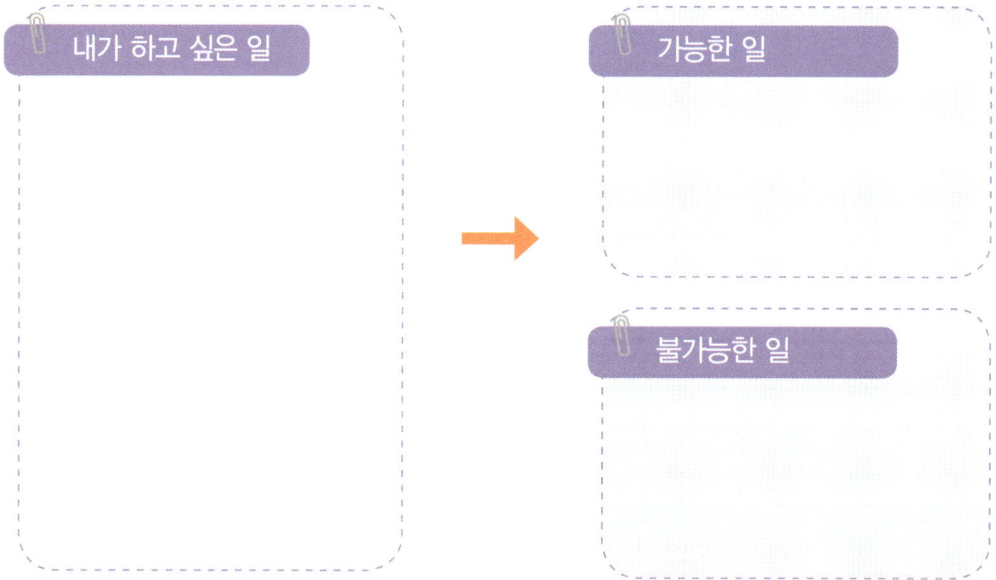

위에 적은 일들을 하는 모습을 상상해 봅시다. 어떤 기분이 드나요?
기타를 배우는 모습을 상상해 볼 때 기분이 좋고 뿌듯한 느낌이 들었다면 그것은 내가 원하는 일일 것입니다.
내가 진짜로 원하는 것인지 아닌지 판별할 수 있는 방법은 그 일을 하는 모습을 상상했을 때 기분이 좋고 뿌듯하다 등의 긍정적인 느낌이 드는지를 살펴보는 것입니다.

Step. 2

우리는 늘 하고 싶은 일만 하면서 살 수는 없습니다. 영어 단어를 매일 암기하는 일, 방 청소를 하는 일 등은 하기 싫은 일이지만 하지 않으면 불편함이 생깁니다. 피곤해서 자고 싶지만 운동을 하는 것이 나의 건강에 도움이 되는 것처럼 하기 싫은 일 중에서도 나에게 유익이 되는 일은 의지적으로 해야 합니다.

Step.1 에서 하고 싶은 일을 적어 보았다면 이번에는 하기 싫은 일들을 적어본 후 해야 하는 일과 하지 않아도 되는 일을 구분해 봅시다.

하기 싫어도 해야 하는 일이라면 한번 도전해 보는 것은 어떨까요? 하기 싫고 어려운 것을 성취했을 때 나의 자존감은 더 높아질 수 있습니다.

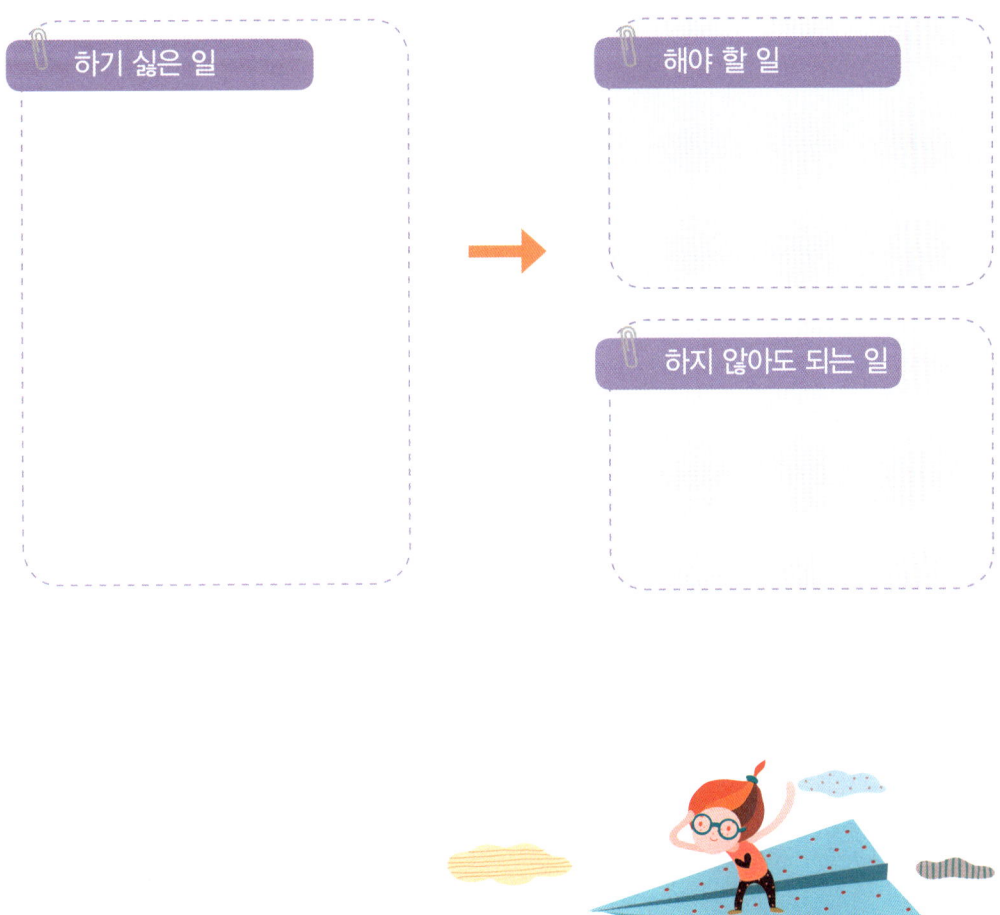

I. 토닥토닥 마음

Step. 3

step1의 하고 싶은 일 중에서 가능한 일과 step2의 하기 싫지만 해야 하는 일 들 중 이번 주에 실천할 수 있는 일을 골라서 구체적인 계획을 세워봅시다.
그리고 그 일을 해 냈을 때의 모습을 상상해 보고 그 느낌을 적어봅시다.

내가 할 일	시기	장소	구체적인 방법	해 냈을 때의 느낌(생각)
영어 단어 외우기	오늘 8시~9시	도서관에서	30개 외우기	뿌듯하다
친구에게 서운한 점 이야기하기	내일 점심시간	학교 운동장	내 감정을 솔직하게 털어놓기	후련하다 친구와 오해가 풀릴 것 같다

자존감을 높이는 방법들

❶
다른 사람과 비교하지 말기

❷
지금 이 순간을 충분히 즐기기

❸
자신을 사랑할 것! 자기비하는 이제 그만~

❹
다른 사람의 의견에서 자유로워지기

❺
자신이 잘하는 것 찾아보기

❻
매일 거울을 보면서 자신에게 미소 지어주기

❼
잠들기 전 오늘 하루 동안 감사한 일 3가지 이상 생각해보기

나를 사랑하기

청소년들에게 좋아하는 일이 무엇인지, 어떤 일을 하고 싶은지 물어보면 좋아하는 일도 없고 하고 싶은 일도 없다고 대답하는 경우가 많습니다. 하고 싶은 일이 없다고 대답하는 여러 가지 이유 중 하나는 내가 할 수 없다고 생각하기 때문일 수 있습니다. 어차피 해도 안되고 내가 할 수 없다는 생각으로 가득 차 있다면 그 어떤 목표도 세우지 않을 것이기 때문입니다. 자신이 잘 해 낼 수 있다고 스스로를 믿을 때 우리는 목표를 세우고 꿈을 가질 수 있습니다.

꿈을 찾아갈 때 중요한 것은 자신에 대한 이해입니다. 내가 무엇을 좋아하고 무엇을 잘하는지 성격은 어떤지 등에 대해서 잘 알아야 나와 잘 맞는 직업이 무엇인지도 알 수 있게 되는 것입니다.

나를 잘 알기 위해서는 어떻게 해야 할까요?

먼저 나에 대한 관심을 갖는 것입니다.

우리는 다른 사람들을 보며 살아가기 때문에 나 자신보다는 다른 사람에게 더 많은 관심을 갖게 됩니다.

다른 사람들의 생각을 의식하여, 내가 진짜 좋아하는 것이 무엇인지 생각할 겨를이 없거나 혹은 자신을 먼저 소중하게 대하지 못하고 오히려 비난하거나 야단치거나 함부로 대했을 수도 있습니다.

자기 자신에게 관심을 갖고 자신을 사랑하기 시작한다면 내가 어떤 사람인지 조금씩 알아갈 수 있을 것입니다.

나 자신을 소중하게 대하며 사랑할 수 있는 방법은 어떤 것이 있을까요?

나를 사랑해주는 방법들

- 영양분이 많은 음식을 조금씩 자주 먹기
- 나를 충분히 이해해주고 지지해 줄 수 있는 친구와 대화하기
- 아무 계획이나 약속 없이 충분히 휴식취하기
- 어떤 일을 해 내었을 때 내 자신에게 선물해주기
- 나의 미래를 위해 저축하기
- 건강을 위해 매일 30분씩 산책하기

나를 사랑하기

나 자신을 소중하게 대하며 사랑할 수 있는 방법을 적어보세요.
예) 나의 감정 알아주기, 내 몸에 좋은 것 먹기, 내가 잘한 일에 상주기, 스스로 칭찬해주기

자존감 도둑

간디가 영국에서 대학을 다니던 시절 이야기입니다.

자신의 나라의 식민지 출신인 간디를 싫어했던 교수가 있었습니다.

하루는 간디가 대학 식당에서 점심을 먹고 있는 교수 옆으로 다가가 앉았습니다.

교수는 거드름을 피우며 "이보게, 자네 아직 잘 모르는 모양인데, 돼지와 새가 함께 앉아 식사하는 경우는 없다네."

이에 간디는 말했지요 "아~~ 걱정 마세요 교수님. 제가 다른 곳으로 날아갈게요."

복수심에 오른 교수는 다음 번 시험에서 간디에게 낙제점을 주려고 했으나 간디는 만점에 가까운 점수를 받았습니다.

교수는 분을 삭이며 다음과 같은 질문을 했습니다.

"길을 걷고 있다가 두 개의 자루를 발견했다.

한 자루에는 돈이 가득 들어있고, 다른 자루에는 지혜가 가득 들어있다.

둘 중 하나만 차지할 수 있다면 자넨 어떤 것을 택하겠는가?"

"그야 당연히 돈자루죠."

"쯧쯧… 나라면 지혜를 택했을거네"

"뭐, 각자 자신이 부족한 것을 택하는 것 아니겠어요?"

분에 찬 교수는 간디의 답안지에 신경질적으로 "멍청이(Idiot)라 적은 후 그에게 돌려주었다.

채점지를 받은 간디는 교수에게 이렇게 말했습니다.

"교수님, 제 시험지에 점수는 안 적혀있고, 교수님 서명만 있던데요."[3]

만약 간디가 자존감이 낮았더라면, 열등감으로 똘똘 뭉쳐있는 사람이었다면 자신을 싫어하는 교수를 미워하고 교수의 말과 행동을 그대로 받아들여서 나를 멍청이로 여겼을 것입니다. 자존감 도둑은 먼 곳에 있지 않습니다.
그렇다면 간디의 지혜를 빌려서 자존감 도둑으로부터 나를 지키는 몇 가지 방법을 찾아볼까요?

1. 상처받은 순간 감정을 억누르지 마세요.
2. 지적 받았을 때 그대로 받아들이거나 자책하지 말아야 합니다.
3. 지적 받은 지점에 대해서 긍정적으로 생각할 수 있어야 합니다.

가장 중요한 건 나 자신을 사랑하고 아끼는 마음입니다.
지금 바로 나 자신에게 고백해 볼까요?
"사랑한다."

내 감정 알아주기

감정분류의 기본은 좋은가? 아니면 싫은가? 입니다. 우리나라 사전에 감정을 표현하는 단어는 434개이며 그 중에 쾌(快)감정을 표현하는 단어는 28%, 불쾌(不快)감정을 표현한 단어는 72%라고 합니다.[4] 존가트만(John Gottman)이라는 심리학자는 대표적인 감정을 7가지로 구분하였습니다.[5]

우리는 하루에도 수 많은 감정을 느끼며 살아갑니다. 기분이 좋았다가도 금새 짜증이 나기도 하며 화가 나기도 합니다. 인사이드 아웃 이라는 영화를 보면 우리의 감정이 어떻게 생겨나고 조절되는지를 잘 그려내었습니다. 영화에서는 우리의 대표감정을 기쁨, 슬픔, 버럭, 까칠, 소심이라는 이름으로 표현하였고 이 모든 감정들이 다 필요하고 적절히 표현되어야 한다고 이야기 합니다.

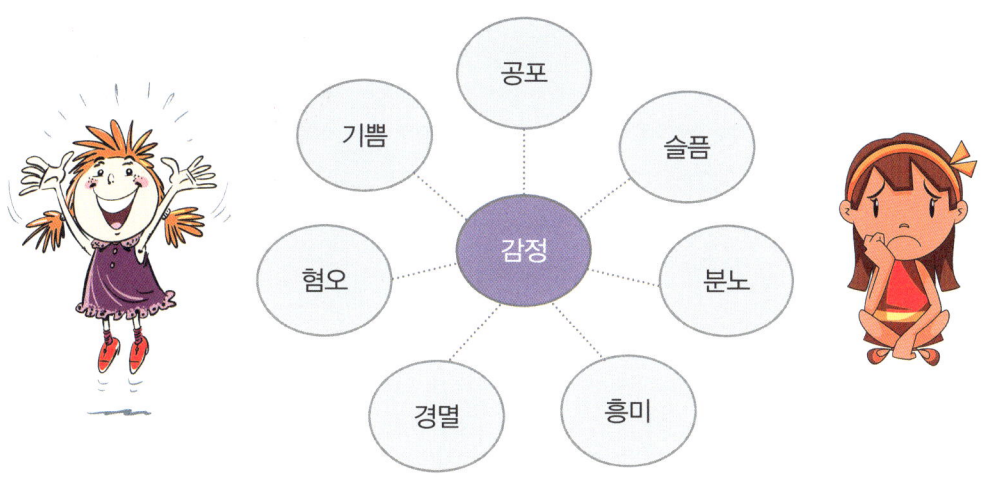

지금 나는 어떤 기분인가요?

오늘 하루 동안 느꼈던 감정들은 어떤 감정들이 있나요?

어떤 감정을 느꼈는지 알지 못한 채 지나쳐 버리거나, 불쾌한 감정을 느꼈음에도 적절한 표현 방법을 몰라 참고 넘어갔을지도 모릅니다. 감정은 어떤 상황에 대해 느끼는 상태로, 자연스러운 현상입니다.
따라서 좋은 감정, 나쁜 감정이라는 것이 없습니다. 기분이 좋고 즐거운 것은 좋은 감정이고 화가 나고 시기심을 느끼는 것은 나쁜 감정이라고 말할 수 없습니다. 다만 화가 난다고 물건을 집어 던진다거나 소리를 지르는 등의 행동에는 좋고 나쁨이 있습니다.
우리의 감정은 눈에 보이지 않지만 그 감정을 적절하게 표현해 주지 않으면 마음의 병을 가져오기도 합니다.
자, 우리도 감정표현을 잘 할 수 있도록 연습을 해 볼까요?

감정퍼즐

다음 그림의 표정들을 살펴보세요. 어떤 감정일까요?
아래 박스 안의 감정언어들을 참고하여 표정에 맞는 감정언어를 적어주세요.

슬픈, 화난, 행복한, 놀란, 괴로운, 불쾌한, 귀찮은, 무서운, 미안한, 무관심한, 심란한, 기쁜, 흥분된, 안정된, 편안한, 안심되는, 우울한, 속상한, 미운, 겁나는, 반가운, 궁금한, 자랑스러운, 창피한, 서운한, 불안한, 외로운, 신나는, 뿌듯한, 억울한, 짜증나는, 쑥스러운, 부끄러운, 황당한, 난처한, 당황스러운, 즐거운, 두려운

감정일기

우리의 감정을 표현하는 다양한 감정 언어들이 있습니다.
오늘 난 어떤 상황에서 어떤 감정을 느꼈는지 적어보세요.
우리의 감정에 이름을 붙여줄 때 우리 마음은 훨씬 이해 받고 수용됩니다.

날짜/요일	상황	주요감정

날짜/요일	상황	주요감정

감정스토리

최근에 내가 행복했을 때, 슬펐을 때, 화가 났을 때를 떠올려 보면서
그때의 표정을 원 안에 그려본 후 떠오르는 사건을 적어보세요.

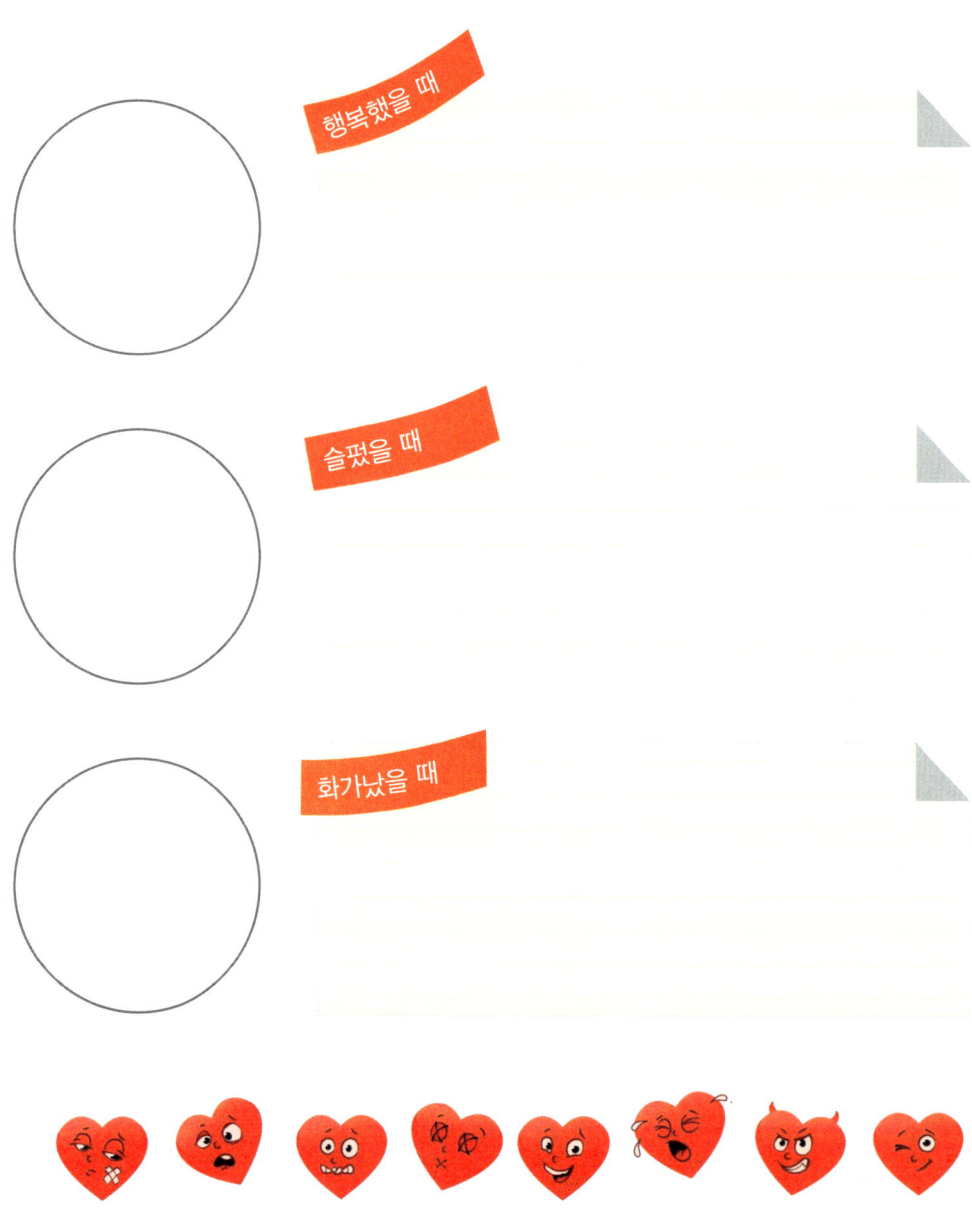

감정 표현하기

친구가 말도 없이 교과서를 가져갔다가 돌려준 상황이 있었다면 그때 어떤 감정을 느꼈을까요?

기분이 나쁘고 화가 났을 것이며 무례함도 느꼈을 것입니다. 이런 나의 감정을 친구에게 어떻게 표현하면 좋을까요?

보통은 왜 말도 없이 가져가? 라고 말하거나 욕을 할 수도 있을 것이고, 그냥 참자 하고 넘어가는 경우도 있을 것입니다. 어떻게 표현 하는 것이 상대방의 기분을 상하게 하지 않으면서 내 감정도 잘 표현하는 것일까요?

감정을 표현하는 방법 중 하나로 사.감.바(사실.감정.바램)의 대화법을 소개하고자 합니다. 상대방을 비난하지 않고 내가 받은 영향과 나의 감정을 전달하는 방법입니다
위의 상황에서 친구에게 이렇게 말해보면 어떨까요?
"말도 없이 교과서를 가져가서 화도 나고 나를 무시한 것 같아 기분이 나빠"
여기에 나의 바램을 넣으면 내가 원하는 것을 정확히 알려줄 수 있습니다.
"다음부터는 말하고 빌려갔으면 좋겠어"라고 말입니다.

> **상황** : 친구와 약속을 했는데 한 시간이 지나도록 연락도 없이 오지 않았다.
>
> **너 전달법** : 넌 왜 맨날 늦니? 짜증나!!
>
> **나 전달법** : 아무 연락도 없이 늦어서 무슨 일 있나 걱정이 되었고, 배려해주지 않는 것 같아 섭섭했어. 다음부턴 늦으면 미리 연락해줬음 좋겠어.

나의 감정을 잘 알고 표현할 수 있게 된다면 다른 사람의 감정도 잘 알 수 있게 되어 여러 인간관계가 원활해지게 될 것입니다.

사감바로 내 감정 표현하기

상황을 읽어보고, 그 상황에 내가 느꼈을 감정을 사실, 감정, 바람 순으로 표현해보세요.

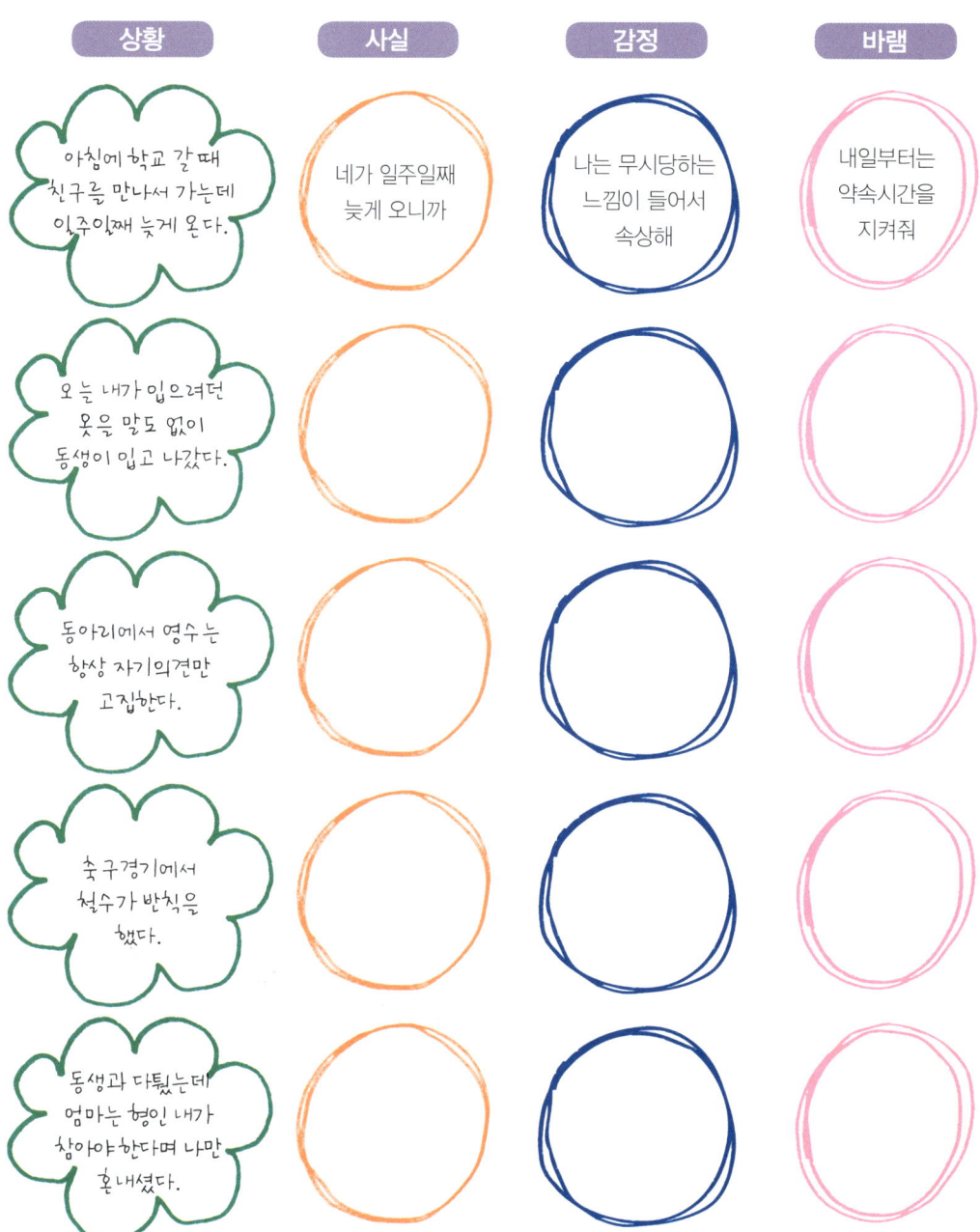

스트레스

정신의학자 엘미게이스는 사람의 숨결을 가지고 감정분석 실험을 했습니다.
사람의 숨결을 눈으로 보면 모르지만 시험관에 넣고 액화시켰을 때 침전물이 생긴다고 합니다.
그런데 이 침전물은 숨을 쉬는 감정에 따라 여러 가지 색으로 변하는데 화를 내고 있으면 밤색으로, 고통이나 슬픔에서는 회색, 후회에서는 복숭앗빛을 내었다고 합니다. 이 중 밤색으로 변한 분노의 침전물을 흰 쥐에게 주사한 결과, 그 쥐는 수 분내로 죽어버렸다는 실험결과가 있었습니다.[6] 이 실험에서 알 수 있듯이 사람이 화를 내면 체내에 독소가 생기고, 그 독소는 자기 자신을 죽이는 자살 행위로 이어진다고 볼 수 있습니다.

스트레스의 핵심은 불안, 짜증, 우울, 분노, 무기력감등의 불편한 감정들입니다. 스트레스를 받으면 집중력저하, 기억과 학습부진, 면역기능저하 등의 많은 부정적인 영향을 미칩니다. 따라서 스트레스를 지속적으로 받으면 심리적으로 불안해 질 뿐만 아니라 신체의 건강에도 영향을 미칩니다.
이런 불편한 감정들은 가지고 있으면 나에게 안 좋은 영향을 미치고 제대로 표현하지 못하면 타인에게 안 좋은 영향을 미치게 됩니다. 분노의 감정은 나쁜 것이 아니라 정상적인 감정입니다. 참는다고 해서 없어지는 것도 아니기 때문에 적절하게 표현하는 것이 중요합니다.

그렇다면 분노의 감정이 느껴졌을 때 어떻게 하면 좋을까요?

먼저 자신이 감당할 수 없는 분노감이라면 잠시 자리를 피하거나 속으로 10초를 세워봅니다.

마음이 가라앉고 나면 자신의 감정을 살펴보는 것이 중요합니다. 화가 났는데도 불구하고 괜찮다라고 생각하는 것은 나의 감정을 무시하는 것이기 때문에 나의 분노의 감정을 인정해줍니다. 그리고 난 후 어떤 상황이었는지, 그 일에 대한 나의 생각은 무엇인지, 어떻게 그 감정을 표현하고 싶은지에 대해 생각해 봅니다. 예를 들어 친구가 나를 무시하는 말을 했을 때 화가 나는 감정을 느꼈다면 우리는 다양한 말과 행동으로 분노를 표현할 것입니다. 똑같이 무시하는 말을 할 수도 있고 , 욕을 할 수도 있고, 극단적으로는 친구를 때리거나 정반대로 회피하는 방법으로 표현할 수 있습니다.

나의 감정을 표현하고 나서 후회하지 않을 행동은 어떤 것일까요?

선택은 나의 몫입니다. 그러나 기억해야 할 것은 나의 행동이 또 다른 부정적인 감정을 불러오거나 관계를 해치는 행동인지에 대해 생각해봐야 할 것입니다.

나의 스트레스

최근에 걱정과 불안을 느끼게 하는 일들은 무엇이 있는지 적어봅시다.
예) 성적이 계속 떨어진다. 친구와 의견 충돌이 많다.

나를 힘들게 하는 것

스트레스를 받으면 우리 몸에는 다양한 반응이 일어납니다. 신체의 반응, 감정의 변화, 그리고 그 감정을 해소하기 위한 나의 표현(행동)이 일어납니다.
아래 예시를 보고 최근에 내가 겪은 스트레스 상황에서 어떤 변화를 겪었는지 적어보세요.

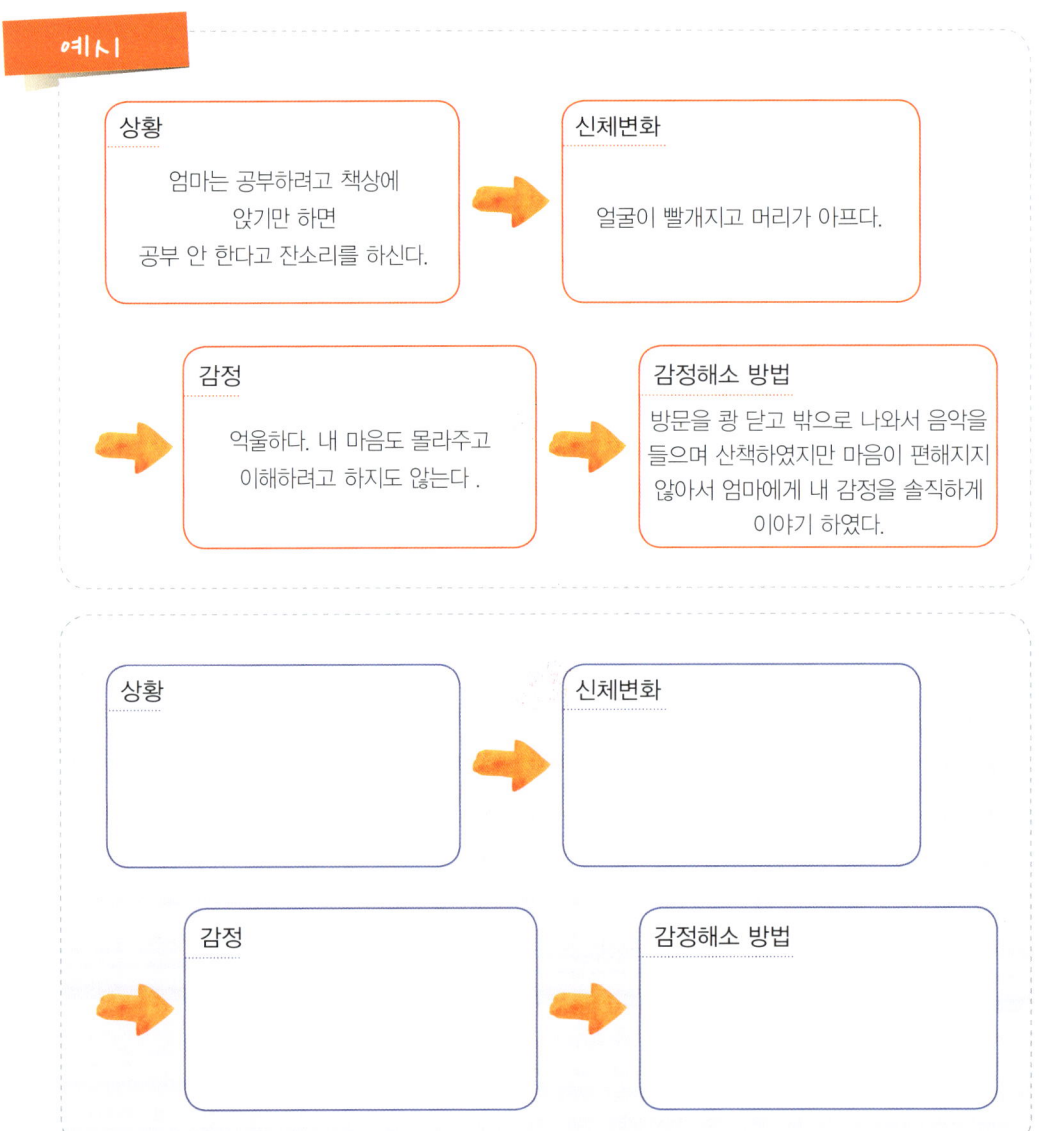

예시

상황
엄마는 공부하려고 책상에 앉기만 하면 공부 안 한다고 잔소리를 하신다.

신체변화
얼굴이 빨개지고 머리가 아프다.

감정
억울하다. 내 마음도 몰라주고 이해하려고 하지도 않는다.

감정해소 방법
방문을 쾅 닫고 밖으로 나와서 음악을 들으며 산책하였지만 마음이 편해지지 않아서 엄마에게 내 감정을 솔직하게 이야기 하였다.

상황

신체변화

감정

감정해소 방법

스트레스 관리하기

한 심리학자가 스트레스 해결법에 대한 강연을 하러 방에 들어왔습니다.
심리학자가 한 손에 물이 들어있는 물컵을 들자,
강의실에 있는 학생들은 '"컵에 물이 반밖에 없네 또는 반이나 차있네"라는 시시콜콜한 질문이나 하겠지'라고 생각했습니다.

그러나 심리학자는 웃는 얼굴로 " 이 물컵의 무게는 얼마나 될까요?"라고 물었고 학생들은 각각 250g~500g사이라고 대답했습니다.
그러자 심리학자가 말했습니다.
물의 실제 무게는 중요하지 않습니다. 문제는 물컵을 얼마나 오랫동안 들고 있느냐 입니다.
만약 물컵을 1분 동안 들고 있는다면 별 문제가 되지 않아요.
그러나 물컵을 1시간 동안 들고 있는 다면, 팔이 저려오고 아파 올 것입니다.
그리고 만약, 물컵을 하루 종일 들고 있었다면, 팔의 감각이 없고 제 팔은 마비될 것입니다.
각각 물 컵을 들고 있는 시간에 따라느끼는 고통은 다를 수 있지만 물의 실제 무게는 전혀 변하지 않습니다.

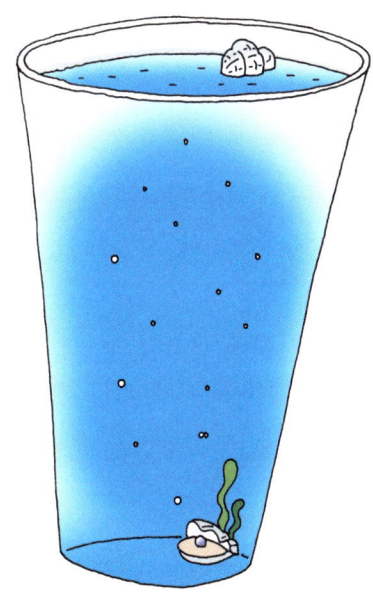

내게 닥쳐온 스트레스를 잠깐 동안 생각하는 것은 별 문제가 되지 않지만 조금 더 생각하면 할수록, 문제가 되고 머리가 아파옵니다. 그리고 하루 종일 생

각한다면 당신은 마비감을 느끼며, 아무것도 할 수 없는 상태가 되어버린다는 점을 명심해야 합니다.
살아가면서 절대 잊지 마십시오.
"물컵 내려놓기"[7]

 여러분들은 자신만의 스트레스 해소법을 가지고 있나요?
스트레스를 받았을 때 어떻게 풀고 있는지 적어봅시다.

스트레스 해소에 도움이 되는 방법들

❶
내가 좋아하는 분야의 책을 읽는다.

❷
가볍게 땀이 날 정도의 운동을 한다.

❸
좋아하는 음악을 듣는다.

❹
피로로 인해 생긴 육체적인 스트레스일 때는 충분한 휴식을 취한다.

❺
규칙적인 식사를 한다.

❻
공감대를 형성할 수 있는 친구들과 이야기를 한다.

❼
맑은 공기를 마시며 산책을 한다.

❽
억지로라도 웃는다.

❾
맛있는 음식을 먹는다.

❿
스스로 어깨를 토닥인다. '○○야 괜찮아'

다시 일어나기

스트레스의 원인을 보면 즉시 해결 되는 문제도 있지만 감당하기 힘든 문제도 있습니다. 그리고 문제에 대해 각 개인이 나타나는 반응은 다양합니다. 어떤 일을 실패 하거나 어려운 일이 생길 때 마다 나에게만 이런 일이 생긴 것만 같아서 좌절할 때도 있습니다. 그러나 그 일을 잘 극복해나간 후에는 한 단계 성장한 나의 모습을 경험 한 적이 있을 것입니다. 에이미 멀린스는 다리가 없지만 육상선수이며 모델로 활동하고 있으며, 이희아 씨는 손가락 네 개로 연주하는 피아니스트 입니다. 이들은 자신의 역경을 긍정적으로 바라보고 어려움을 극복해냈습니다.

심각한 상황이나 스트레스에 처했을 때 적극적이고 유연하게 반응하여 이를 극복해내는 특성을 회복탄력성이라고 합니다. 우리 모두는 힘든 일이 생겼을 때 이겨낼 수 있는 힘을 지니고 있지만 그 크기는 사람마다 다르다고 합니다. 회복탄력성은 노력과 훈련을 통해 키워나갈 수 있습니다.

회복탄력성을 높이는 방법은 긍정적인 정서를 키우는 것이라고 합니다.[8]
자신과 환경을 바라보는 시각을 바꾸고, 생각을 바꾸고, 언어를 바꾸는 것입니다.
우리의 생각은 습관입니다.
긍정적으로 생각해야 하고 바라보면 더 좋다는 것은 알지만 그렇게 행동하는 것은 쉽지 않습니다.
그래서 긍정적 정서가 습관화될 수 있도록 꾸준히 노력해야 할 것입니다.
많은 심리학자들이 긍정적 정서를 향상 시키는 방법을 연구하였는데 그 중 가장 효과적인 방법은 감사하기 훈련이었다고 합니다. 기간에 따른 감사하기 훈련을 연구한 결과 매일 잠들기 전에 그날 있었던 일 중에서 감사한 일을 구체적으로 적은 방법이 가장 효과적이었습니다.

오늘 하루 동안 있었던 일 중에서 감사할 일은 무엇이 있을까요?

나의 회복탄력성은?

정답이나 올바른 답이 아니라 각 문항을 읽고 자신의 모습이나 생각과 가장 일치하는 답변을 고르세요.
〈1=전혀 아니다. 2=아니다. 3= 보통이다. 4=그렇다, 5=매우 그렇다〉

1. 나는 목표가 정해지면 시간이 오래 걸려도 꾸준히 해나간다. (   )
2. 나는 한번 시작한 일은 끝까지 해낸다.(   )
3. 나는 한번 실패했더라도 포기하지 않고 다시 시도한다. (   )
4. 나는 내 감정을 잘 다스릴 수 있다. (   )
5. 나는 기분이 나빠져도 마음만 먹으면 괜찮아질 수 있다. (   )
6. 나는 스트레스를 받아도 짜증내지 않고 차분한 마음을 유지할 수 있다.(   )
7. 나는 행복한 사람이다. (   )
8. 나의 성격은 긍정적이다. (   )
9. 나는 내 삶이 가치 있다고 생각한다. (   )
10. 나는 마음만 먹으면 다른 사람의 호감을 얻을 자신이 있다. (   )
11. 나는 처음 만난 사람에게도 신뢰감을 줄 수 있다. (   )
12. 나는 다른 사람의 마음을 잘 이해할 수 있다. (   )
13. 내가 어려운 일을 당한다면, 나를 도와줄 친구들이 많다. (   )
14. 나는 힘들 때 의지할 수 있는 친구가 있다. (   )
15. 심심하거나 우울한 기분이 들 때 내 이야기를 들어줄 친구가 있다. (   )
16. 나는 많은 사람들 앞에서 자신 있게 발표 할 수 있다. (   )
17. 나는 갑작스럽게 발표를 해야 하는 상황에서도 떨지 않고 잘 할 수 있다. (   )
18. 나는 친구들을 잘 설득할 수 있다.(   )

75점 이상=매우 높은 편, 70점 이상 =높은 편, 52점 이하=낮은 편, 47점 이하 매우 낮은 편[9]

에이미 멀린스 이야기

1996년 애틀랜타 장애인 올림픽 육상 세계 신기록 수립.
100m-15.77초, 멀리뛰기-3.5m.
1999년 알렉산더 맥퀸 패션쇼 모델 선정.
2002년 영화배우로 "크리매스터3" 출연.

피플지(People)에서 선정한 세계에서 가장 아름다운 50인에 선정
모델이자, 영화배우, 게다가 달리기 선수이기도 한 에이미 멀린스.
그러나 그녀에게는 남다른 점이 있었습니다.
그것은 바로 육상선수 임에도 두 다리가 없다는 것입니다.
선천적으로 기형으로 태어난 그녀에게 의사들은 절대 걷지도 못하고 운동도 못할 것이고 타인의도움 없이는 제대로 살 지 못할 것이라고 말했다고 합니다.
결국, 두 다리를 절단했지만, 희망을 품고 두 의족으로 뛸 준비를 했고 1996년 미국 대학스포츠연맹(NCAA)주최 "비장애인"육상에 출전하여 세계신기록을 세웠습니다.
또한 패션쇼 모델로서 피플지의 〈세계에서 가장 아름다운 50인〉에 선정되기도 했습니다.
그러자 사람들이 묻기 시작했습니다.
"어떻게 그런 장애와 역경을 극복할 수 있었습니까?"
에이미는 대답했습니다

"장애물과 역경이요? 그것을 바라보는 관점부터 바꿔야 합니다. 그것은 피하거나 넘어서야 하는 장애물이 아닙니다.
그 자체로 나의 자아를 깨우고 능력을 북 돋는 신의 선물이죠!"
"제 생각에는 진짜 장애물은 억눌린 마음입니다. 그렇게 희망도 없는 마음 말이죠…"
인간은 누구나 어려움과 고난을 겪으며 살아갑니다. 그러나 그 자체가 문제가 아니라 그것을 얼마나 현명하게 마주하느냐가 중요한 것입니다.[10]

여러분은 자신의 역경을 어떻게 바라보고 있습니까?
우리가 꿈을 이뤄나갈 때 방해가 되는 것을 진로장벽이라고 합니다.
꿈을 이룬 많은 사람들의 공통점은 자신의 장애물을 바라보는 관점을 달리하여 극복해내었다는 점입니다.
여러분들도 자신의 어려움에 대한 관점을 바꾸어 꿈을 향해 한걸음씩 나아가보길 바래봅니다.

감사쪽지

감사의 말을 전하고 싶은 사람들을 떠올려 보세요.
그들에게 감사쪽지로 감사의 마음을 표현해보세요.

I. 토닥토닥 마음

활동샘플

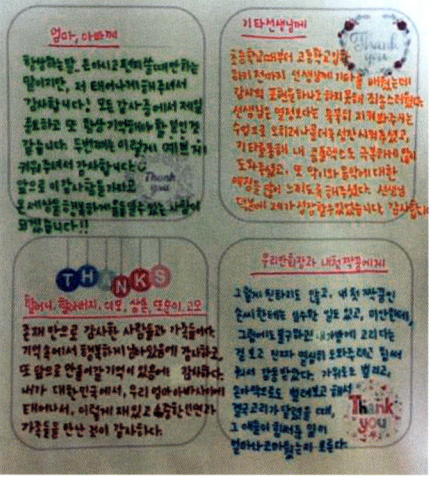
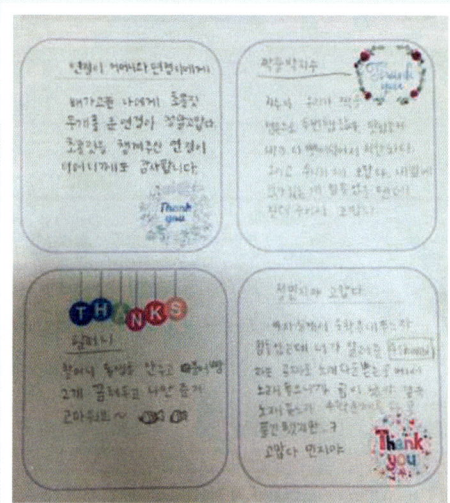
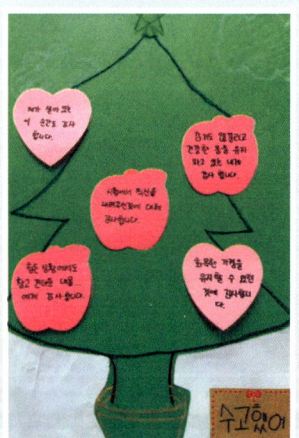

나에게 쓰는 편지

'지금의 나'를 있게 해준 나 스스로에게 감사편지를 써보세요.

II
무럭무럭 강점
(strength)

 # 토끼와 거북이 그 후 이야기

이솝 우화에 나오는 '토끼와 거북이' 이야기는 우리에게 너무나 잘 알려진 이야기입니다.
거북이와 달리기 경주를 하던 토끼가 방심한 나머지 낮잠을 자다가 거북이에게 지고 말았습니다. 토끼는 아무리 약한 상대라도 절대 방심하지 말고 성실하게 경기에 임해야겠다는 교훈을 얻었습니다.

 그 후, 토끼는 다시 거북이에게 달리기 경주를 제안했고, 이번에는 낮잠을 자지 않고 열심히 달려서 월등하게 거북이를 이겼습니다.

거북이는 생각했습니다. 이 경주는 절대 공평한 경주가 아니라고 말이죠. 그래서 다른 목적지를 정해 토끼에게 경주를 제안했습니다. 처음에는 당연히 토끼가 훨씬 빨리 달려나갔습니다. 그런데 가다가 보니 강이 가로막고 있었습니다. 목적지까지 가려면 그 강을 건너야 했습니다. 헤엄을 칠 줄 모르는 토끼는 강 앞에서 이러지도 저러지도 못한 채 있어야만 했습니다. 뒤늦게 강가에 당도한 거북이는 유유히 헤엄을 쳐서 목적지를 향해 갔습니다. 이번 경주는 거북이의 승리였습니다.

토끼와 거북이는 생각했습니다. '우리 둘이 힘을 합치면 훨씬 더 잘할 수 있을 텐데…'

둘은 이번엔 함께 팀을 이뤄 숲 속 동물 달리기 경주에 참가했습니다. 처음 육지를 달릴 때는 토끼가 거북이를 등에 업고 달렸습니다. 중간에 강이 나타나자 이번에는 토끼가 거북이 등에 올라탔습니다. 강을 건넌 후에는 다시 토끼가 거북이를 업고 달렸습니다. 각자의 강점을 살려 경주에 임한 토끼와 거북이가 우승 트로피를 획득했습니다.[11]

우리에겐 각자 다른 '강점(strength)'이 있습니다. 내가 못하는 것에 연연하기 보다 나의 '강점'을 발견하여 활용하는 것이 무엇보다 중요합니다. 나의 강점은 다른 누군가의 강점과 만나 서로 협력할 때 더욱 빛이 납니다.

내가 잘하는 것은?

'강점(strength)'은 성격강점과 재능강점으로 구분할 수 있습니다. 토끼가 거북이보다 빨리 달릴 수 있는 능력은 재능강점이라고 할 수 있고, 거북이가 성실함과 끈기로 경기에 임한 것은 성격강점이라 할 수 있습니다.

강점은 선천적으로 주어지는 경우도 있고, 후천적으로 노력해서 얻어지는 경우도 있습니다. 선천적으로 주어진 강점이라도 갈고 닦지 않으면 발휘되기가 어렵습니다.

재능강점은 보통 '내가 잘하는 것'을 살펴봄으로 알아낼 수 있습니다. 학교에서 성적이 잘 나오는 과목, 평소 남들보다 배우는 속도가 빨랐던 종목들, 주변에서 칭찬받았던 것들, 내가 몰입하여 하는 일 등을 살펴보면 나의 재능강점을 발견할 수 있습니다.

내가 잘하는 것은 무엇일까요?

나 이런 사람이야~~

내가 재미있어 하는 일은?

좋아하는 과목/ 잘하는 과목

상받은 경험

칭찬받은 경험

나의 취미, 특기

내가 잘하는 일은?

나의 자랑거리(외모/성격/가족 등)

다중지능으로 강점찾기

우리가 잘 알고 있는 IQ(Intelligence Quotient)는 우리 뇌의 일부분 만을 측정한 것으로 IQ만으로 인간의 능력을 측정하는데는 한계가 있습니다. 피터 샐로비(Peter Salovey) 박사는 자신과 타인의 감정에 대한 이해능력인 EQ(Emotional Quotient)가 IQ보다 성공에 더 결정적인 역할을 한다고 주장한 바 있습니다.

1970년대에 들어서면서 새로운 개념의 지능이론이 등장하기 시작했습니다. 미국 하버드 대학의 하워드 가드너(Howard Gardner) 박사는 기존의 IQ개념에 대항하여 '다중지능이론'을 제시하였습니다. 그에 의하면 인간의 뇌에는 8가지 종류의 지능(언어, 음악, 논리수학, 공간, 신체운동, 인간친화, 자기성찰, 자연친화)이 존재한다는 것입니다.

인간의 뇌는 언어, 음악, 논리수학, 공간, 신체운동, 인간친화, 자기성찰, 자연친화 지능과 같이 독립된 8개의 지능으로 구성된다.
이 다양한 지능의 조합으로 수많은 재능의 발현이 이뤄진다.

우리는 누구나 이 8가지의 지능을 모두 가지고 있습니다. 하지만 상대적으로 더 발달되어 강점으로 나타나는 지능이 있고, 상대적으로 약한 지능도 있습니다. 우리는 강점으로 가진 지능을 더 개발해서 나의 진로와 연관 지을 수 있습니다. 실제 자신의 강점지능과 연관된 일을 하는 성인들이 상대적으로 만족감이 더 높다고 합니다.

자신의 강점지능이 무엇인지 알고 강점에 집중하다 보면 자존감도 높아지고 일에 있어서 만족감과 성공이 뒤따른다는 연구결과가 많이 나와 있습니다.
우리도 이제 우리의 강점지능이 무엇인지 알아봅시다.

다중지능검사

각 문항을 읽고 해당 란에 체크하세요!

1점	2점	3점	4점	5점
전혀 그렇지 않다	별로 그렇지 않다	보통이다	대체로 그렇다	매우 그렇다

NO	문항	1점	2점	3점	4점	5점
1	악기를 다루거나 배우는 것을 좋아한다.					
2	체육시간이나 신체활동이 많은 과목을 좋아한다.					
3	퍼즐게임이나 퀴즈, 수수께끼 등의 놀이를 좋아한다.					
4	손으로 물건을 만들고, 그림을 그리는 것을 좋아한다.					
5	다른 사람보다 알고 있는 단어, 사용하는 단어가 풍부하다.					
6	친구나 가족들의 고민거리를 들어 주거나 해결하는 것을 좋아한다.					
7	나 자신의 목표를 위해 열심히 노력하는 편이다.					
8	애완동물 기르는 것을 좋아한다.					
9	악보를 보고 바로 그 노래를 부를 수 있다.					
10	평소에 몸을 움직이며 활동하는 것을 좋아한다.					
11	수학이나 과학 과목을 좋아한다.					
12	한번 가봤던 길은 잘 찾는 편이고, 지도를 보면 금방 파악한다.					
13	글이나 문서를 읽을 때 흐름상 어색한 문장이나 단어를 잘 찾아낸다.					
14	학교에서 친구들 사이에서 대표로 선출되는 경우가 많다.					
15	나의 기분이나 감정, 컨디션을 잘 알고 조절할 수 있다.					
16	자연 속에서 시간을 보내는 것을 좋아한다.					
17	다른 사람의 연주나 노래를 들으면 어떤 점이 부족한지 알 수 있다.					
18	어떤 운동이든 쉽게 배우고 잘할 수 있다.					
19	다른 사람의 말 속에서 비논리적인 점을 잘 찾아낸다.					
20	새로운 방식으로 요리해 보는 것이 즐겁다.					
21	작가나 아나운서가 되고 싶은 적이 있다.					
22	다른 사람들로부터 다정다감하다는 소리를 자주 듣는다.					
23	내 생각이나 감정을 상황에 맞게 잘 통제하고 조절한다.					
24	동물이나 식물에 관하여 많은 정보를 알고 있다.					
25	다른 사람과 노래할 때 화음을 맞출 수 있다.					
26	운동을 잘한다는 말을 자주 듣는다.					
27	어려운 문제를 보면 쉽게 포기하지 않고 끝까지 풀려고 노력하는 편이다.					
28	내 방을 꾸미거나, 가구를 배치하는 감각이 있다.					

각 문항을 읽고 해당 란에 체크하세요!

1점	2점	3점	4점	5점
전혀 그렇지 않다	별로 그렇지 않다	보통이다	대체로 그렇다	매우 그렇다

NO	문항	1점	2점	3점	4점	5점
29	글을 잘 쓴다는 말을 자주 듣는다.					
30	학교에서 친구나 선생님의 기분을 잘 파악하고 적절하게 대처한다.					
31	평소에 내 능력이나 재능을 계발하기 위해 노력하고 있다.					
32	동물이나 식물을 좋아하고 잘 돌본다.					
33	좋아하는 음악 장르가 있는 편이다.					
34	조립이나 만들기 활동을 즐겨 한다.					
35	암산이나 계산을 잘하는 편이다.					
36	남들로부터 그림 그리기나 만들기를 잘한다고 칭찬 받은 적이 있다.					
37	신문이나 책의 내용을 잘 이해하는 편이다.					
38	친구 사귀기를 즐기고, 쉽게 사귀는 편이다.					
39	내 일정을 다이어리에 정리하는 등 계획적인 생활을 위해 노력한다.					
40	나는 동식물과 관련된 직업에 종사하고 싶다.					
41	악기를 쉽게 다루고 익힌다.					
42	개그맨, 친구들, 선생님의 표정이나 행동을 잘 흉내 내는 편이다.					
43	평소에 "왜?"라는 궁금증이 자주 생긴다.					
44	암기할 때 그림이나 개념 지도를 그려 가며 외운다.					
45	국어 시간이나 글쓰기 시간이 즐겁다.					
46	내가 다른 사람들에게 도움이 되는 일을 하는 것이 즐겁다.					
47	내게 중요한 일들은 골똘히 생각하고 신중하게 결정하는 편이다.					
48	곤충이나 식물을 관찰하면서 시간 보내는 것이 재미있다.					
49	어떤 곡의 분위기와 박자를 살려 편곡하는 것이 쉽다.					
50	평소에 농구, 자전거, 줄넘기 등 운동을 즐겨 한다.					
51	어떤 문제가 생기면 왜 그런 일이 일어났는지 여러 가지로 원인을 생각해 본다.					
52	미술관련 대회에서 수상한 경험이 여러 번 있다.					
53	영화나 책의 내용을 다른 사람들에게 이야기해주는 것을 좋아한다.					
54	어떤 일을 할 때 혼자 하기보다 친구들과 함께 하기를 더 좋아한다.					
55	나의 미래에 대한 뚜렷한 목표와 신념을 가지려고 노력한다.					
56	동물이나 식물, 자연을 다루는 다큐멘터리 프로그램을 즐겨 본다.					

다중지능검사

지능	A	B	C	D	E	F	G	H
	1	2	3	4	5	6	7	8
	9	10	11	12	13	14	15	16
	17	18	19	20	21	22	23	24
	25	26	27	28	29	30	31	32
	33	34	35	36	37	38	39	40
	41	42	43	44	45	46	47	48
	49	50	51	52	53	54	55	56
합계								

	A	B	C	D	E	F	G	H
지능	음악	신체	논리수학	공간	언어	인간친화	자기성찰	자연친화
순위								
35								
30								
25								
20								
15								
10								
5								

8가지 다중지능

	언어지능	논리수학지능	음악지능	공간지능
특징	① 다양한 어휘를 사용한다. ② 말하기를 즐긴다. ③ 글쓰기를 잘한다. ④ 외국어를 배우는 속도가 빠르다. ⑤ 책의 내용을 잘 이해한다. ⑥ 책이나 신문 읽는 것을 즐긴다.	① 수학문제풀이를 즐긴다. ② 어떤 일의 원인이나 이유를 알고자 한다. ③ 암산을 잘한다. ④ 사건과 사건간의 인과관계를 잘 파악한다. ⑤ 논리적이고 토론을 잘한다. ⑥ 분석적으로 문제에 접근한다.	① 악기를 쉽게 배운다. ② 자주 노래를 흥얼거린다. ③ 리듬에 따라 박자를 맞추거나 몸을 흔든다. ④ 소리들을 쉽게 구별한다. ⑤ 음에 대한 감각이 좋다. ⑥ 음악적 경험을 추구하고 즐긴다.	① 그림 그리기를 즐긴다 ② 시각적인 세부 묘사에 뛰어나다. ③ 방향감각이 좋다. ④ 공간을 효율적으로 꾸민다. ⑤ 퍼즐 놀이를 즐긴다. ⑥ 손과 눈의 조화가 뛰어나 예술적 감각이 있다.
직업군	작가, 편집자, 사서, 방송인, 기자, 언어학자, 변호사, 정치가, 영업 사원, 설교자, 학원 강사, 외교관, 성우, 번역가, 통역사, 문학 평론가, 방송 프로듀서, 판매원, 개그맨, 경영자, 리포터, 아나운서, 시인 등	엔지니어, 수학자, 물리학자, 과학자, 은행원, 구매대리인, 컴퓨터 프로그머, 의사, 생활 설계사, 공인 회계사, 통상전문가, 회사원(경리, 회계 업무), 수학 교사, 법조인, 과학 교사, 정보기관원 등	음악가(성악가, 연주가, 작곡가, 지휘자 등), 음악 치료사, 음향 기술자, 음악 평론가, 피아노 조율사, DJ, 가수, 댄서, 음악 교사, 음반 제작자, 반주자, 영화음악 작곡가, 음악 공연 연출가 등.	조각가, 항해사, 웹 디자이너, 인테리어디자이너, 헤어 디자이너, 무대디자이너, 엔지니어, 건축가, 컴퓨터그래픽디자이너, 화가, 설계사, 사진사, 파일럿, 코디네이터, 애니메이터, 미술교사, 요리사, 치과 의사, 큐레이터, 일러스트레이터 등.
다중지능 기르기	• 토론하기 • 발표하기 • 뉴스기사 써보기 • 스토리 이어가기 • 인터뷰하기 • 시사만화 말 주머니 바꾸기 • 신문사설 요약하기 • 시로 표현하기	• 추리소설 읽기 • 암산하기 • 유형, 관계성 분석하기 • 확률 계산하기(우승확률 등) • 추상적 사고 • 표와 그래프 그리기 • 퍼즐 만들기 • 실험하기	• 리듬 패턴 파악하기 • 악기 연주하기 • 단어의 억양 강조하기 • 편곡해보기 • 배경음악 선곡하기 • 화음 넣어 노래하기	• 체스게임 • 패턴디자인 • 지도 제작 • 모형 만들기 • 사진활동 • 새로운 방식으로 요리해보기
학습법	• 학습내용을 나 자신의 말로 바꾸어 정리하고 설명하기 • 핵심단어를 중심으로 요약하기	• 육하원칙에 따라 질문하여 공부하기 • '만약~한다면' 가정하여 생각하고 실험하기	• 피곤할 때 음악을 들어 뇌를 활성화 시킨 후 공부하기 • 암기내용을 노래로 만들어 외우기	• 배운 내용을 나만의 방법으로 노트에 정리하기 • 마인드맵이나 표 등을 이용해 내용을 정리하기 • 다양한 색깔의 펜으로 표시하거나 필기하기

8가지 다중지능

	신체운동지능	인간친화 지능	자기성찰 지능	자연친화 지능
특징	① 좋은 균형 감각을 갖고 있다. ② 스포츠나 댄스 등 신체활동을 좋아한다. ③ 섬세한 손놀림이 필요한 활동을 잘한다. ④ 몸놀림이 민첩하다. ⑤ 운동을 잘하고 어떤 운동이든 쉽게 배운다. ⑥ 제스처를 통해 전달하는 데 능숙하다.	① 다른 사람에게 친절하다는 소리를 자주 듣는다. ② 친구들 사이에서 인기가 높다. ③ 또래나 나이가 더 많은 사람이나 똑같이 잘 사귄다. ④ 리더십을 보여 준다. ⑤ 다른 사람과 협동하여 일하는 데 능숙하다. ⑥ 처음 보는 사람과도 쉽게 사귀는 편이다.	① 좋고 싫음이 분명하며 그것을 잘 표현한다. ② 감정 전달에 뛰어나다. ③ 스스로의 강점과 약점을 명확히 인식한다. ④ 일기를 쓰거나 자신의 하루를 돌아보는 시간을 갖는다. ⑤ 적절한 목표를 설정한다. ⑥ 나의 능력을 개발하기 위해 노력한다.	① 동식물에 관심이 많다. ② 동물원이나 식물원 가는 것을 좋아한다. ③ 인공적인 환경보다 자연적인 환경을 선호하는 편이다. ④ 자연물의 관찰에 관심이 많다. ⑤ 곤충, 파충류 등에 대한 혐오감이 상대적으로 덜하다. ⑥ 식물을 키우는 일을 잘한다.
직업군	안무가, 무용가, 엔지니어, 운동선수, 스포츠해설가, 체육학자, 외과의사, 물리치료사, 레크레이션 지도자, 배우, 무용교사, 체육교사, 보석세공인, 군인, 스포츠에이전트, 경락마사지사, 발레리나, 산악인, 치어리더, 경찰, 경호원, 뮤지컬 배우, 조각가, 사회 체육지도자, 건축가, 정비기술자, 카레이서, 파일럿 등	정치가, 종교지도자, 사회운동가, 웨딩 플래너, 기업경영자, 호텔경영자, 정신과 의사, 카운슬러, 이벤트기획자, 외교관, 정치가, 호텔리어, 방송 프로듀서, 간호사, 사회복지사, 교사, 개인사업가, 회사원(인사 관련), 영업 사원, 개그맨, 유치원교사, 비서, 승무원, 판매원, 선교사, 상담원, 컨설턴트, 교육사업가, 관광가이드 등	신학자, 심리학자, 작가, 발명가, 정신분석학자, 성직자, 작곡가, 기업가, 예술인, 심리 치료사, 임상심리사, 철학자, 종교학자, 등	유전공학자, 식물학자, 생물학자, 수의사, 해양학자, 조류학자, 천문학자, 지질학자, 한의사, 환경운동가, 농장운영자, 조리사, 동물 조련사, 요리 평론가, 원예가, 약초 연구가, 화원 경영자, 생명공학자, 생물교사, 지구과학교사, 동물원 관련 직종 등
다중지능 기르기	• 역할극, 드라마 • 운동하기 • 다양한 스포츠 배우기 • 춤으로 표현하기	• 피드백 주고 받기 • 타인감정 이해하기(공감능력) • 집단 프로젝트 • 협동학습 • 자원봉사하기	• 일기쓰기 • 명상하기 • 감정일지 쓰기 • 미래 자서전 쓰기 • 진로설계 • 자화상 그리기	• 애완동물 키우기 • 동식물 관찰하기 • 현장체험학습 • 관찰일지 쓰기
학습법	• 반복해 쓰면서 공부하기 • 학습내용을 신체를 이용해 설명하기 • 학습내용을 대본처럼 만들어 연기해 보기	• 친구들과 그룹 만들어 공부하기 • 팀을 만들어 협동 작업을 하거나 경쟁하기 • 친구 또는 동생이 이해할 때까지 가르쳐 주기	• 공부를 열심히 하도록 긍정적인 문구를 만들어 스스로를 격려하기 • 나의 공부방법에 대해 평가해보기	• 직접 체험하거나 실험해 보기 • 오감을 통해 사물이나 현상을 주의 깊게 관찰

강점피자 만들기

다중지능검사에서 높은 점수가 나온 나의 강점지능 3개를 적어보세요.

1.   2.   3.

강점 지능과 관련하여 내가 잘 하는 활동들은 무엇일까요?
다중지능 특징을 참고하여 적어보세요.

1.   1.   1.
2.   2.   2.
3.   3.   3.

강점 토핑 만들기!!
내가 잘 하는 활동들 중 3가지만 골라 마음에 드는 토핑에 적어 넣으세요.

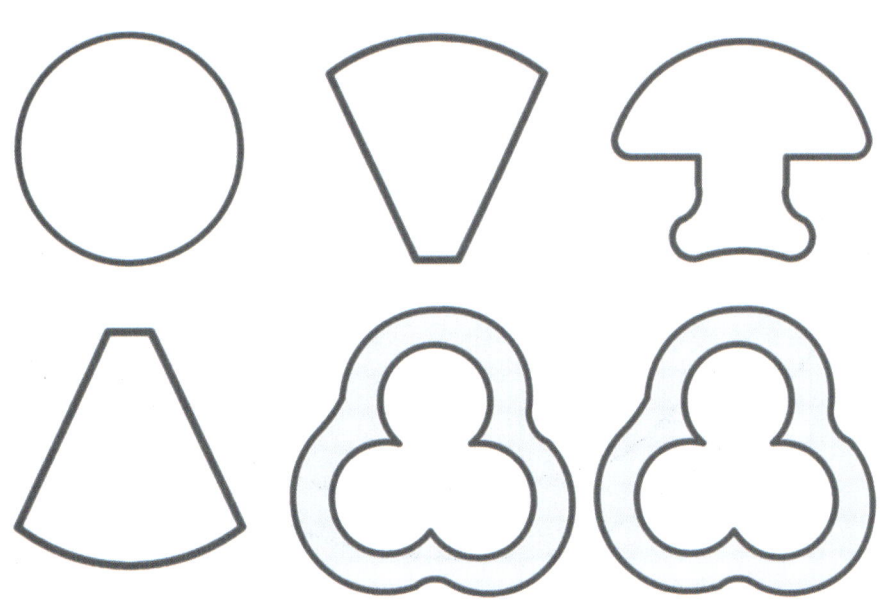

II. 무럭무럭 강점

PIZZA 도우 위에 자신의 강점 토핑을 얹어 '나만의 강점피자'를 완성해 보세요

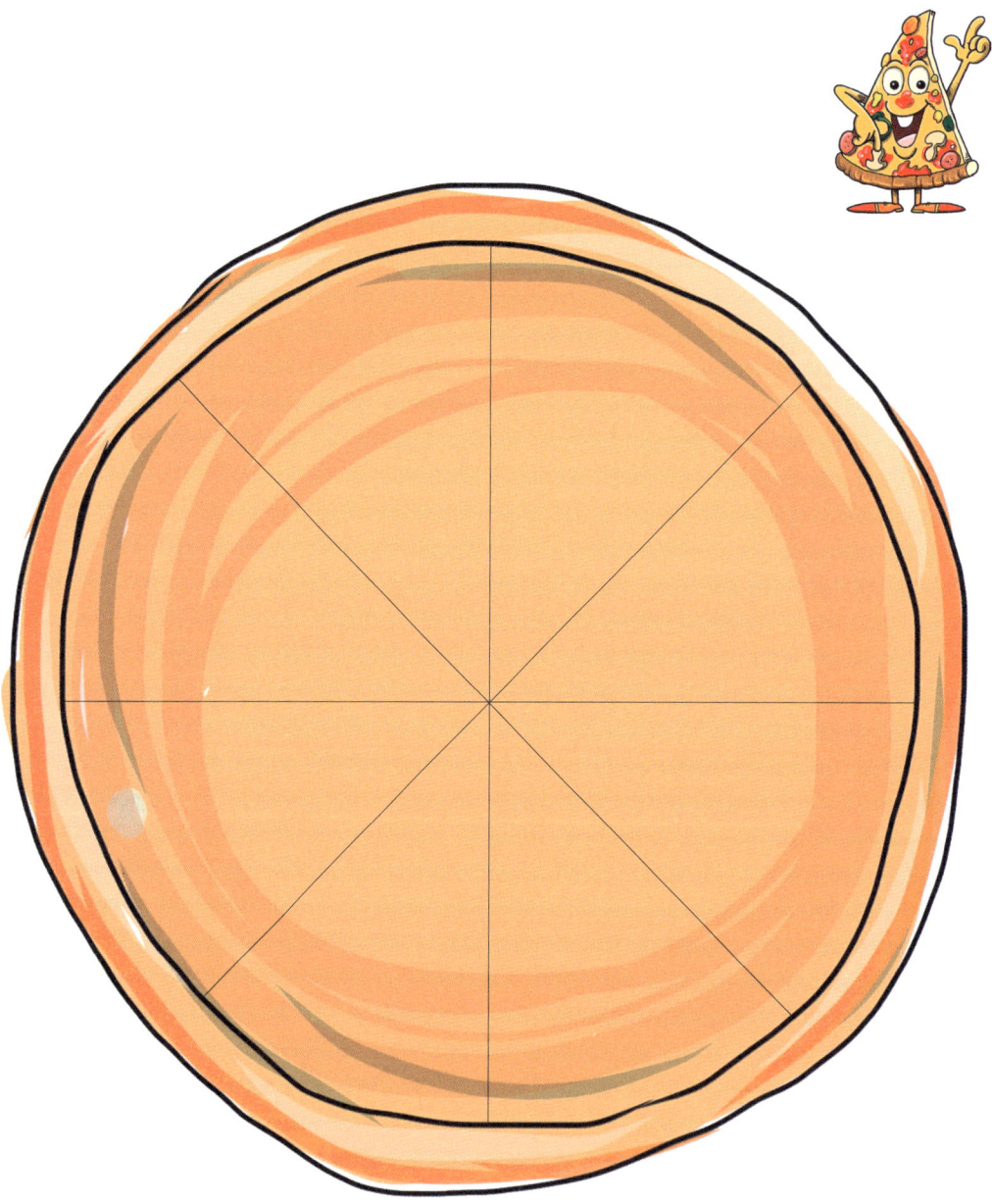

나만의 강점피자의 이름과 특징을 소개해 주세요.

활동샘플

성격강점

우리 중에는 무슨 일이든 할 때 끝까지 자신의 역할을 다하려는 책임감이 강한 친구도 있고, 다른 사람에게 늘 호의를 보이며 친절함을 보여주는 친구가 있습니다. 어떤 친구는 일을 할 때 늘 새로운 방식을 생각해내기도 하고, 또 어떤 친구는 굉장히 유머가 많아서 다른 친구들에게 즐거움을 선사하기도 합니다. 이렇게 자신의 성격에서 뛰어난 점을 '성격강점'이라고 합니다. 성격강점은 우리의 행복과 관련이 있습니다. 자신의 강점에 대해 잘 알고 그것을 일상에서 더 많이 활용하는 사람일수록 그렇지 않은 사람에 비해 삶의 행복지수와 만족도가 높아집니다.

다음 페이지에 소개된 강점카드를 살펴보면서 나의 성격강점은 무엇인지 찾아보세요.

성격강점목록 [12]

리더십　　미래지향성　　신중함
창의성　　책임감　　배려　　감사
예술성　　호기심　　용감성　　끈기
　　　　지혜　　　　　　활력
학구열　　　　　　의사소통
　　　　친절　　　　　낙관성
겸손
　　도덕성　　유머　　공정성
도전정신　　　자기조절　　대인관계

II. 무럭무럭 강점

### 도덕성 (morality)  도덕규범을 준수하고 정의를 실천하려는 마음 양심이라고도 불림	### 공정성 (fairness) 개인적 감정의 개입 없이 모든 사람을 동등하게 대하고 공평한 기회를 주는 태도 	### 리더십 (leadership) 집단활동을 조직하고 이끌어가는 능력 사람들이 소속감을 느끼게 함
### 의사소통 (communication) 사람들 간에 생각이나 감정을 교환하는 능력 말, 글쓰기, 몸짓 등으로 자신을 잘 표현함 	### 유머 (humor) 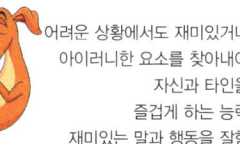어려운 상황에서도 재미있거나 아이러니한 요소를 찾아내어 자신과 타인을 즐겁게 하는 능력 재미있는 말과 행동을 잘함	### 미래지향성 (future-oriented) 목표를 설정하고 목표를 향해 가는 능력 목표를 이루기 위해 현재의 수고와 노력을 감수하는 태도 
### 자기조절 (self-regulation) 자신의 다양한 감정, 욕구, 행동을 적절하게 잘 조절하는 능력 목표를 위해 게으른 습관을 변화시킬 수 있음	### 예술성 (artistry) 사물과 주변환경에서 아름다움을 발견하고 나만의 방법으로 표현하는 능력 멋과 감각이 있는 사람 	### 활력 (vitality) 삶의 모든 일에 활기와 에너지를 가지고 임함 열정적인 사람 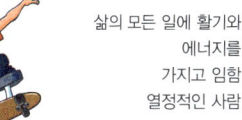
### 도전정신 (challenge spirit) 새로운 일을 시작하는 것을 두려워하지 않는 마음 어려워 보이는 일이라도 시도해봄 	### 책임감 (responsibility) 자신이 해야 할 일을 중요하게 생각하는 마음 맡은 일을 끝까지 해냄	### 감사 (gratitude) 내게 일어나는 일들을 당연시 여기지 않고 고맙게 여기는 마음 감사한 마음을 잘 표현함 

••• 감정카드는 부록 205~207페이지에 있는 카드로 절취해서 사용할 수 있습니다.

나의 성격강점 BEST 3

강점카드를 살펴보면서 나의 성격특성과 비슷하다고 생각되는 강점카드 3장을 골라보세요.
나의 강점 키워드 3개와 그 뜻을 아래 칸에 적어보세요.

나의 강점지수는?

강점카드를 하나씩 잘 살펴보고, 나의 강점이라고 생각되는 카드 10장을 골라 아래 강점 칸에 적어보세요. 부모님, 선생님, 친구들 10명에게 찾아가 나의 강점이라고 생각되는 강점 3개를 골라 한 칸 씩 색칠해달라고 부탁하세요.
내 주위의 다른 사람들이 생각하는 나의 강점은 무엇인지 알아보세요.

창의성										

강점	나의 강점이라고 생각되는 곳에 한 칸씩 색칠해주세요.

나의 강점 1,2,3	

활동샘플

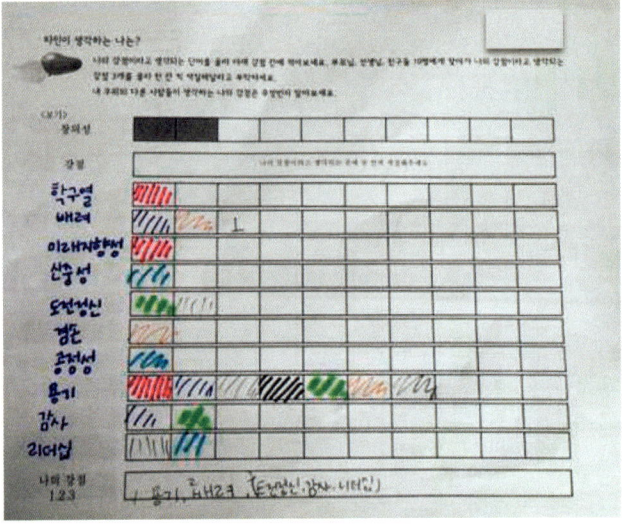

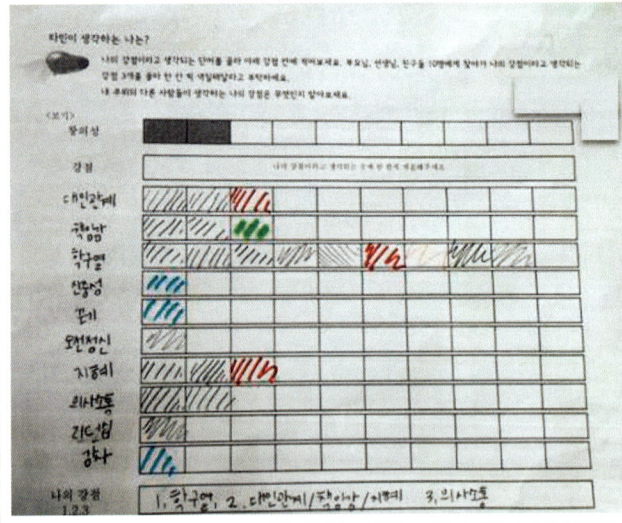

강점뉴스

년 월 일

🎁 제목: _____

누가? _____
언제? _____
어디서? _____
무엇을? _____
어떻게? _____
왜? _____

> 한 신문기자가 나의 강점이 발휘된 사건에 대해 기사를 쓴다면 어떻게 쓸까요?
>
> 강점(strength)

🎁 제목: _____

누가? _____
언제? _____
어디서? _____
무엇을? _____
어떻게? _____
왜? _____

🎁 제목: _____

누가? _____
언제? _____
어디서? _____
무엇을? _____
어떻게? _____
왜? _____

Strength News

활동샘플

내가 만드는 강점카드

내가 강점카드를 만든다면 강점의 뜻을 어떻게 적을까요?
내가 생각하는 강점의 정의를 적어 강점카드를 만들어보세요.

예시

친절
(kindness)

친절이란 전학 온 친구에게 먼저 가서 인사하는 것.
친절이란 엘리베이터에서 열림 버튼을 누르고 기다려주는 것.
친절이란 내 초코렛을 반 나누어 친구에게 주는 것.

나만의 무한도전

나의 강점을 활용한 무한도전을 시작해볼까요?
앞으로 강점을 어떻게 활용할 것인지 적어보세요.

예시

예술성 – 매일 시 한편씩 100편 쓰기
끈기 – 책상에 한번 앉으면 2시간 동안은 일어나지 않기
창의성 – 아이디어 노트를 만들어 하루 3개씩 새로운 아이디어 적기

Self-Marketing

요즘은 광고의 홍수시대라고 합니다. 광고매체나 기법들도 다양해져서 기업이나 제품들마다의 특성을 홍보하는 다양한 광고들을 TV나 라디오 뿐 아니라 잡지, 심지어 건물이나 버스 외관에서도 만나볼 수 있습니다. 수많은 광고 중에 대중들의 기억에 남기 위해서는 흥미와 구매욕구를 자극하는 것이 필요합니다. 그러기 위해서 광고에서는 제품의 '강점'을 극대화해서 표현하는 것이 무엇보다 중요합니다.

> 다른 사람들에게 '나'를 소개한다면, 여러분은 어떤 점을 강조해서 홍보하는 것이 효과적일까요?
> 나의 강점을 가장 잘 나타내는 광고포스터를 제작해보세요.
> ① 강점발견 활동에서 찾은 나만의 BEST 3가지를 골라본다.
> ② 신문이나 잡지에서 나의 강점을 표현해줄 이미지를 찾아 오려 붙인다.
> ③ 광고카피를 생각해서 적어 넣는다.

활동샘플

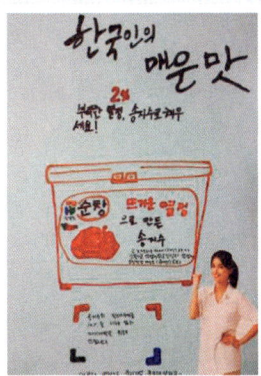

Self-Marketing

나의 강점을 강조하여 나를 광고하는 포스터를 제작해보세요.

성공인물의 강점찾기

성공한 롤모델들의 성공스토리를 살펴보면, 그들이 어떤 과정을 거쳐 현재의 성공을 이루었는지 알 수 있습니다. 그들은 그들만의 '강점'을 잘 파악했고, 그것을 활용할 줄 알았습니다. 또한 자신의 위기요소들을 극복해내는 정신력과 지혜가 있었습니다. 내가 닮고 싶은 롤모델을 선정하여 그들의 스토리를 책이나 인터넷을 통해 찾아봅시다. 그리고 그들의 강점과 성공비결을 분석해보세요. 그러면 나의 성공 스토리도 예측해볼 수 있습니다.

해리포터 시리즈로 유명한 조앤 롤링(Joanne K. Rowling)은 해리포터를 쓰기 전에는 이혼 후 어린 딸을 데리고 정부에서 주는 생계보조비로 궁핍한 생활을 했었습니다. 하지만 그녀는 자신의 강점인 '상상력'과 '창의력'을 발휘하여 세계적인 작가가 되었습니다. 조앤 롤링의 스토리를 읽고 롤링이 자신의 강점을 어떻게 활용했는지 찾아볼까요?

조앤롤링 스토리

J. K. 롤링(영어: J. K. Rowling, 1965년 7월 31일~)은 영국의 아동문학 작가이다. 본명은 조앤 캐슬린 롤링(영어: Joanne Kathleen Rowling)으로, 서명 이름으로는 'J. K. 롤링'과 로버트 갤브레이스(Robert Galbraith)를 사용한다.

롤링은 1997년 처음 출간되어 2007년 전 7권으로 완간 된 판타지 소설《해리 포터》시리즈의 작가다. 롤링은 이 시리즈로 세계의 주목을 받으며 여러 상을 받았고, 67개 언어로 번역되며 4억 5천만 부 이상 판매되어 역사상 가장 많이 팔린 베스트 셀러가 되었고 전 세계에서 가장 많은 수익률을 낸 영화 시리즈로 기록되었다.

롤링은 작가 등단 5년 만에 영국을 대표하는 베스트셀러 작가로 성장하여 2010년 10월, 주요 잡지의 편집자가 선정한 "영국에서 가장 영향력 있는 여성"으로 지명되었다.

롤링은 1965년 7월 31일 항공기 엔지니어 였던 "피터 제임스 롤링"과 과학 기술자인 앤 롤링의 장녀로 태어났다.

롤링은 어린 시절 부터 이야기 쓰는 것을 좋아했고, 여동생을 위해서 이야기를 쓰는 것을 즐겼다. 그녀가 처음으로 쓴 이야기 〈토끼〉는 홍역에 걸린 토끼에 대한 이야기였다. 완성은 하지 못했지만 대학생 시절 많은 소설을 써보고, 제인 오스틴 등 다른 작가의 작품을 읽는 데에 많은 시간을 보내는 등 작가가 되기 위한 준비된 과정을 거쳐갔다.

그러던 1990년 여름, 맨체스터에서 런던으로 향하는 열차를 타고 있던 롤링은 4시간 동안 지연된 열차 안에서 마법 학교 에 다니는 소년 "해리 포터"와 "론", "헤르미온느"의 3명의 착상을 떠올렸고, 집으로 돌아가 그날 밤 소설을 쓰기 시작했다.

1991년 포르투갈 포르투에서 영어 교사로 취직을 한 롤링은 매일 밤마다 차이콥스키의 바이올린 협주곡을 들으며, 글쓰기를 이어나갔다.

소설가로 명성을 얻기 이전의 생활은 텔레비전 저널리스트인 남편과의 이혼 후 생활고에 시달려 우울증으로 "자살도 생각했었다"라고 할 만큼 힘들었지만 이 때의 경험이 《해리 포터 시리즈》에 등장하는 디멘토의 배경이 되는 등 그녀의 삶은 그녀의 글 속에 녹아 든 것으로 보인다.

1995년에 롤링은 완성 된 원고를 에이전트를 통해 12개의 출판사에 제출했지만, 너무 내용이 길다는 이유로 어느 출판사도 간행을 꺼려했으나 저작권 대행업체 크리스토퍼 리틀(Christopher Little Literary Agency)의 도움으로, 영국의 블룸즈버리 출판사를 통해 간행되게 되었다.

영국 블룸즈버리 출판사에서 출판된 이 책은 네슬레 스마티스 상(Nestlé Smarties Book Prize)과 영국 도서상(British Book Awards, 현 Specsavers National Book Awards) 등 많은 문학상을 수상하는 등 신인 작가의 작품으로서는 파격적인 반응을 일으켰다. 또한 아동 문학적으로 높이 평가되었을 뿐 아니라 성인 독자까지 매료시키면서, 수많은 외국어로 번역되어 세계적인 베스트 셀러가 되었다.

《해리 포터》는 현재 15억 달러(한화 약 1조 5천 163억 원)의 가치가 있는 글로벌 브랜드가 되었고, 《해리 포터》 소설 중 마지막 네 편은 역사상 가장 빠른 판매를 기록한 책이자 연속 세트 기록을 세웠다. 총 4,195 페이지에 달하는 시리즈와 67개 언어로 번역되며 4억 5천만 부 이상 판매되는 경이로운 기록을 세우게 되었다.[13]

J.K. 롤링 〈해리포터〉 시리즈 작가

| 창의력 | 늘 새로운 방식으로 생각하는 그녀의 방식은 환타지 소설에 대한 다른 이들의 근심과는 달리 전세계적으로 환타지 소설 붐을 일으켰다. |

| 호기심 | 그녀는 기차를 타고 다니는 중에도 늘 주변 사물에 관심을 갖고 관찰하였고, 그러던 중 해리라는 인물이 탄생할 수 있었다. |

| 끈기 | 끈기는 시작한 일을 마무리하여 완성하려는 능력을 말한다. 조앤롤링은 어머니의 죽음, 실직, 이혼 등의 어려운 상황에서도 글쓰기를 멈추지 않고 해리포터를 완성시켰다. |

롤모델의 강점찾기

당신의 롤모델은 누구인가요? 그들의 기사를 찾아보고 그들이 성공할 수 있었던 그들만의
강점 세 가지를 뽑아보세요.
그들은 그 강점을 어떻게 활용했나요?

강점	강점활용

롤모델의 강점에서 닮고 싶은 점

II. 무럭무럭 강점

활동샘플

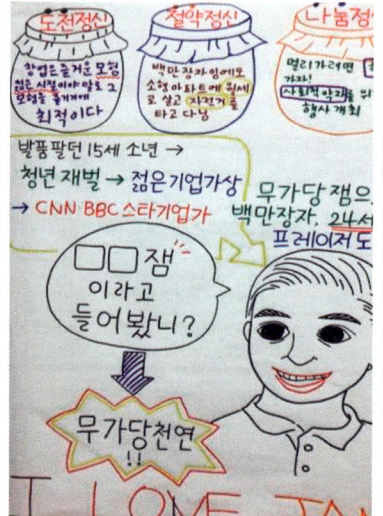

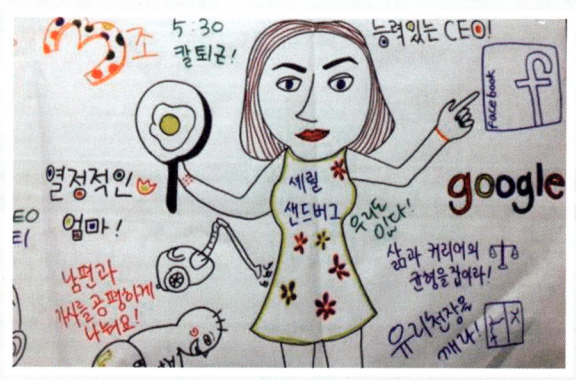

제3의 강점, 흥미

앞에서 살펴봤던 재능강점이나 성격강점은 내가 잘하는 것에 초점이 맞춰져 있다면, 또 다른 나의 강점특성 중 하나는 '흥미'입니다. 흥미는 내가 좋아하는 것을 말합니다. 우리는 좋아하는 일을 할 때 몰입하게 됩니다. 몰입은 우리가 살면서 얻는 행복의 중요한 요소이기도 합니다. 몰입을 하다 보면 그 과정에서 기쁨을 얻게 되고 또 그 일을 잘 하게 되기도 합니다.

미국의 한 연구소에서 아이비리그 졸업생들을 대상으로 졸업 후 직업선택의 동기에 따른 부의 축적여부를 20년간 추적조사 하였습니다. 졸업생들 중 73%는 돈을 많이 버는 직업을 선택하였고, 17%만이 자신이 좋아하는 일을 선택했습니다. 20년 후, 그 중 101명이 백만장자가 되었는데 놀랍게도 단 1명만이 돈을 많이 버는 직업을 선택한 사람이었고, 나머지 100명은 자신이 좋아하는 일을 선택한 사람들이었습니다.[14] 부의 축적여부가 성공을 단적으로 말해주는 것은 아니지만, 부를 목적으로 직업을 택한 사람보다는 자신이 좋아하는 일을 택한 사람들이 더 돈을 많이 벌었다는 결과가 시사하는 바가 큽니다. 따라서 우리는 진로를 결정할 때, 내가 좋아하는 분야는 어떤 것인지를 아는 것이 매우 중요합니다.

재능(적성)과 흥미가 일치한다면 우리는 고민 없이 진로 설정을 할 수 있습니다. 그러나 간혹 나의 재능과 흥미가 일치하지 않는 경우도 있습니다. 예를 들면, 축구를 좋아하지만 축구에 재능은 별로 없는 경우가 그렇습니다. 나의 재능과 맞는 직업을 선택할 경우 우리는 '유능감, 성취감'을 더 얻을 수 있습니다. 나의 흥미에 맞는 직업을 선택할 경우 우리는 '행복감, 만족감'을 더 느낄 수 있다고 합니다. 어떤 가치를 선택하는가는 나의 선택입니다.

고래의 꿈

고래가 자신이 좋아하는 것들을 떠올리며 미소를 짓습니다.
나를 미소 짓게 하는 '내가 좋아하는 것들'은 무엇인가요?

- 내가 좋아하는 수업시간
- 내가 좋아하는 활동들
- 내가 좋아하는 사람들
- 내가 좋아하는 색깔
- 내가 좋아하는 음식
- 내가 좋아하는 것들…
- 내가 좋아하는 것들…

My favorite things

Raindrops on roses and whiskers on kittens
(장미 꽃잎의 빗방울과 아기고양이들의 수염)

Bright copper kettles and warm woolen mittens
(밝게 빛나는 구리주전자와 따스한 털 벙어리장갑)

Brown paper packages tied up with strings
(줄로 잘 매어져 있는 갈색의 종이박스들)

These are a few of my favorite things
(이것들이 내가 좋아하는 몇 가지들)

Cream colored ponies and crisp apple strudels
(크림 색깔의 조랑말과 바삭한 애플파이)

Doorbells and slay bells and schnitzel with noodles
(초인종과 썰매방울들, 그리고 국수와 함께 있는 슈니첼)

Wild geese that fly with the moon on their wings
(달까지 날아가는 야생의 거위들)

These are a few of my favorite things
(이것들이 내가 좋아하는 몇 가지들)

Girls in white dresses with blue satin sashes
(하얀 드레스와 파란 새틴 띠를 한 소녀들)

Snowflakes that stay on my nose and eyelashes
(내 코와 눈썹에 내려 앉은 눈송이들)

Silver white winters that melt into springs
(봄으로 녹아 드는 하얀 은빛의 겨울)

These are few of my favorite things
(이것들이 내가 좋아하는 몇 가지들)

When the dog bites, when the bee stings, when I'm feeling sad
(개에게 물렸을 때, 벌에게 쏘였을 때, 내가 슬플 때)

I simply remember my favorite things and then I don't feel so bad
(내가 좋아하는 것들을 기억해내면, 기분이 나쁘지 않아)

〈영화 Sound of Music 중에서〉

내가 좋아하는 일은?

홀랜드라는 학자는 사람들이 갖는 흥미를 6개의 유형으로 분류했습니다.
다음의 활동들 중 내가 좋아하는 일들에 동그라미 해보세요. 나는 어떤 유형에 속하나요?

홀랜드유형과 대표직업

R 현실형
엔지니어, 운동선수, 파일럿, 전기기사, 농부, 경찰, 군인, 소방관

I 탐구형
과학자, 의사, 화학연구원, 대학교수, 한의사, 치과의사, 생명공학자, 통계학자

A 예술형
조각가, 음악가, 배우, 작가, 무용가, 디자이너, 화가, 작곡가, 사진작가

S 사회형
교사, 간호사, 유치원교사, 상담사, 사회복지사, 목사, 보육교사, 물리치료사, 항공승무원

E 진취형
판검사, 정치가, 기업경영인, 연출가, 영업사원, 법무사, 펀드매니저, 부동산중개인

C 관습형
회계사, 세무사, 은행원, 경리사무원, 사서, 컴퓨터프로그래머, 공무원, 관세사

RIASEC 유형별 꼴라주작업

E:진취형

S:사회형

A:예술형

강점활용전략 - SWOT분석

성공한 사람들을 살펴보면 대부분 자신의 강점과 기회요소를 잘 파악해서 성공스토리를 만들어냈습니다. 반면, 자신의 약점과 위기요소들도 파악하여 최소화하고 오히려 강점으로 바꾸는 것도 중요한 역할을 합니다.

자신의 강점과 약점, 상황적인 기회요소와 위기요소를 파악해보고 이것을 토대로 성공전략을 세워보는 것을 'SWOT'기법이라고 합니다.

'강남스타일' 뮤직비디오로 유튜브 조회수 역대 3위를 차지하며 글로벌스타가 된 가수 싸이는 가수로서는 평범한 얼굴과 작은 키 등의 약점과 군대에 재입대하는 등의 위기를 겪었지만, 자신의 약점을 오히려 유머요소로 사용하여 코믹한 뮤직비디오를 만들어 해외진출에 성공했습니다. 그의 성공에는 유투브라는 매체를 기회요소로 잘 활용한 점과, 해외무대에서 '영어'의 강점이 발휘된 점이 큰 역할을 했습니다.

예시

SWOT분석

나의 강점, 약점, 기회, 위기를 구분해서 적어보고
강점과 기회요소를 결합한 나의 성공전략은 무엇인지 적어보세요.

미래인재의 조건

요즘 청년들에게 가장 큰 고민을 물어본다면 대다수는 취업이라고 말을 합니다. 취업을 위해 대학에 입학하고서도 스펙을 쌓기 위해 휴학을 하고 인턴경험을 쌓기도 합니다. 그런데 요즘 기업들은 스펙과열 경쟁에서 벗어난 참신한 인재를 찾기 위해 다양한 방법으로 직원을 뽑으려고 합니다. 21세기는 지식 기반 경제 시대이기에 직원이 곧 원동력이 되고, 얼마나 많은 핵심 인재를 확보하느냐가 회사의 관건이 됩니다. 공병호씨의 〈미래인재의 조건〉에서는 미래인재로 거듭나기 위한 10가지 핵심 능력을 소개하고 있습니다. '문제해결, 창의적 발상, 기회포착, 학습, 동기부여, 자기 혁신, 위기관리, 대인관계, 세일즈, 외국어 구사'가 미래인재가 되기 위한 핵심능력입니다.[15] 기업들도 이러한 능력을 가진 인재를 뽑으려고 합니다. 문제해결능력이나 창의력 등을 평가하고자 하는 기업들의 면접질문들 중에는 페르미추정 사고를 요하는 질문들이 종종 있습니다. 마이크로소프트나 구글 등 유명 글로벌 기업에서도 입사지원자들에게 단답형 지식보다는 생각하는 능력을 파악하기 위한 페르미추정 질문을 한다고 합니다.

페르미추정은 노벨상 수상자이며 원자력의 아버지라 불리는 페르미교수가 만든 것으로 파악하기 힘든 수량에 대한 '추정논법'을 말합니다. 그는 병원에 누워있으면서 링거액이 떨어지는 간격을 측정해 유속을 계산했다고 합니다. 페르미 교수는 학생들을 가르칠 때 "시카고에 피아노 조율사는 몇 명이나 될까?"와 같은 추정 문제를 자주 냈습니다. 이렇게 교육받은 그의 제자들 중 노벨상 수상자가 많습니다.[16]

페르미추정은 정확한 수치를 찾기 위한 것이 아닙니다. 대략적이지만 기준이 될 만

한 수치를 얻어내는데 목적이 있습니다. 정답이 있기보다는 문제를 해결하려는 의지와 답변의 논리성이 포인트입니다. 페르미추정 사고를 연습하면 문제해결 능력과 창의력을 키울 수 있다고 합니다.

우리도 미래인재가 되기 위해 페르미추정 문제들을 한번 풀어볼까요?

• 페르미추정 문제 예시 •

- 서울시내 영화관 수는 몇 개인가?(CJ그룹)
- 골프공 표면의 작은 구멍은 몇 개인가?(구글)
- 남산을 옮기려면 며칠이 걸리겠는가?(두산)

페르미 추정

Q. 맨홀 뚜껑이 왜 둥근지 설명하세요. (신한은행)

> 예) 원은 지름의 길이가 모두 일정하기 때문에 뚜껑이 구멍 안으로 빠지는 것을 방지합니다. 만약 맨홀뚜껑이 정사각형이라면 그것의 대각선은 일반 변보다 깁니다. 정사각형의 뚜껑을 구멍의 대각선 방향으로 놓는다면 구멍 밑으로 맨홀뚜껑이 떨어지게 됩니다. 맨홀 뚜껑이 둥근 이유는 뚜껑이 구멍 안으로 빠지는 것을 방지하기 위해서입니다.

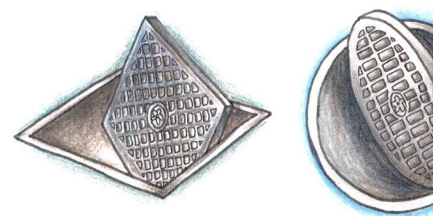

A. 나만의 창의적인 대답을 생각해보세요.

페르미 추정

Q. 알래스카에서 아이스크림을 파는 방법은? (CJ그룹)

A. 나만의 창의적인 대답을 생각해보세요.

100점 인생을 위해 필요한 것은?

If
A,B,C,D,E,F,G,H,I,J,K,L,M,N,O,P,Q,R,S,T,U,V,W,X,Y,Z
is equal to
1,2,3,4,5,6,7,8,9,10,11,12,13,14,15,16,17,18,19,20,21,22,23,24,25,26
(A=1, B=2, C=3…이런 식으로 알파벳을 숫자와 연결해 본다면?)

100점짜리 인생을 위해 가장 필요한 것은 무엇일까요?
지식일까? 돈일까? 여러분은 무엇이라고 생각하나요?

KNOWLEDGE (지식)
= 11+14+15+23+12+5+4+7+5= 96

LOVE (사랑)
= 12+15+22+5= 54

MONEY (돈)
= 13+15+14+5+25= 72

LUCK (행운)
= 12+21+3+11= 47

LEADERSHIP (지도력)
= 12+5+1+4+5+18+19+9+16= 89

ATTITUDE (태도)
= 1+20+20+9+20+21+4+5= 100 [17)]

놀랍게도 가장 성공적인 삶을 위해 우리에게 필요한 것은 '태도'였습니다.

미국남자프로골프대회인 PGA에 한국인으로서는 처음으로 출전권을 따낸 최경주 선수는 이런 말을 했습니다. "오늘 1000개를 치겠다고 자신과 약속했으면 1000개를 쳐야 한다. 999개 치고 내일 1001개 치겠다며 골프채를 내려놓는 순간 성공은 당신 곁을 떠나간다"

현대경영학의 창시자 피터 드러커(Peter F. Drucker)도 태도의 중요성을 강조했습니다. "지능이 높다거나 열심히 일한다거나 지식이 많다고 해서 일을 잘 할 수 있는 것은 아니다. 몇 가지 습관이 목표를 달성하는 데 더 중요하다"

여러분의 강점이 무엇인지 발견하는 것도 매우 중요하지만, 더 중요한 것은 나의 강점을 일상생활에서 더 활용하고 강화해서 나의 '태도'로 만드는 것입니다.

자기충족예언

자기충족예언이란 자기가 바라는 것이 실제 현실에서 이루어지는 현상을 말합니다. 우리나라 속담 중 "말이 씨가 된다"는 말이 있는데 이도 같은 뜻을 내포하고 있습니다. '피그말리온 효과'도 같은 뜻으로 사용되는데, 그리스 신화에서 유래하는 말입니다. 피그말리온 왕은 여성 조각상을 만들었는데, 너무나 정성을 다하다 보니 그 조각상을 정말로 사랑하게 되었습니다. 왕은 조각상이 진짜 인간이 되기를 간절히 소원했고 이를 안타깝게 여긴 미의 여신 아프로디테가 그 조각상을 실제 여성으로 만들어 주었습니다. 피그말리온 효과는 이처럼 강하게 원하는 일은 이루어질 수 있다는 뜻입니다. 우리도 '내가 정말 되고 싶은 나'에 대해 스스로 예언하다 보면 그것이 이루어질 수 있습니다. 나는 어떤 사람이 되고 싶은가요?

● 자기충족예언 예시 ●

나는 유머강점을 통해 주변 사람들을 즐겁게 한다.
나는 늘 나와의 약속을 지킨다.
나는 친구들과의 친밀한 관계를 소중히 여긴다.
나는 매일 한 가지씩 새로운 도전을 한다.
나는 새로운 언어를 습득하는데 재능을 가지고 있다.
나는 모든 일에 새롭고 창의적인 방식으로 생각한다.
나는 공간지능의 강점을 더욱 계발하여 건축가가 될 것이다.

자기충족예언

나에게 힘을 주는 자기충족예언문을 작성해보세요.

나는 _____ 한다.

나는 _____ 있다.

나는 _____ 여긴다.

나는 _____ 할 수 있다.

나는 _____ 도전한다.

나는 _____ 이다.

나는 _____ .

Ⅲ
두런두런 직업

들어가기

연수의 일기

두둥두둥…
기다리고 기다리던 오늘, 친구들이랑 놀이공원에 가기로 한 날
내 몸 안에 있는 심장이 뛰는 소리랍니다.
버스에서 내리는 한껏 멋을 부린 친구들 사이로 수신호를 보내며 차를
이리저리 보내는 주차관리 아저씨가 여러 분 보입니다.

와우~ 진짜 사람이 많아요.
매표소에 도착해서도 긴 줄을 한 참 선 뒤에야 우리 차례가 되었습니다.
창문 너머로 상냥하게 웃는 매표소 직원에게 돈을 건네고 표를 받아요.

자~ 이제부터 놀아볼까?
안전바를 내려주는 친절한 안전관리 안내원의 안내를 받으며,

빙글빙글 돌아가는 놀이기구들에 몸을 맡기니
하늘이 땅이 되고 땅이 하늘이 됩니다.
놀이공원을 디자인하신 테마파크 디자이너들도
스릴만점 이 기구를 타 보신 걸까요?

놀이공원 안에는 정말 먹을 것도 많아요.
핫바도 팔고, 돈가스 집도 있어요.
근사한 레스토랑의 피자 굽는 냄새가 우릴 유혹하고
알록달록 마차로 된 가게에서 사먹는 달콤한 아이스크림은
저절로 미소 짓게 합니다.

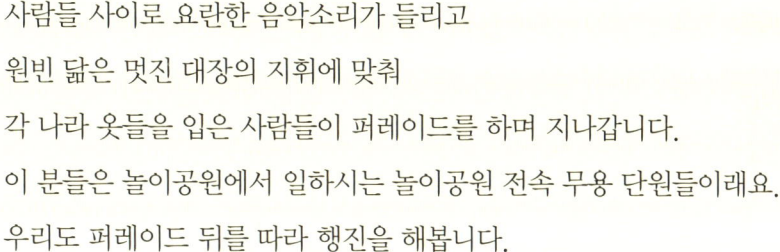

사람들 사이로 요란한 음악소리가 들리고
원빈 닮은 멋진 대장의 지휘에 맞춰
각 나라 옷들을 입은 사람들이 퍼레이드를 하며 지나갑니다.
이 분들은 놀이공원에서 일하시는 놀이공원 전속 무용 단원들이래요.
우리도 퍼레이드 뒤를 따라 행진을 해봅니다.

끼아악 ~귀신의 집을 지나 오싹해진 마음을 달래러 수족관 안으로 들어갑니다.
히야아~~
알록달록 예쁜 열대어들 사이로 무서운 상어를 강아지처럼 다루는
잠수복을 입은 늘씬한 아쿠아리스트가 물고기처럼 헤엄칩니다.
친구 수정이도 아쿠아리스트가 되고 싶대요.

사파리로 가 볼까요?
아프리카에서 막 온 듯한 갈기가 멋진 사자들이
사육사가 던져주는 고기를 두고 기 싸움을 합니다.
옆 집 물개 들은 조련사와 함께 묘기 익히기가 한창입니다 .
물을 박차는 물개들의 멋진 점프가 떠 오릅니다.

돌아오는 길,
밤하늘에선 분수가 된
불꽃놀이 연출가의 화려한 불꽃들이
사방으로 흩어지며
손을 흔들어줍니다.

여러분 놀이공원에 가보았나요?

연수의 일기에서 볼 수 있듯이 우리들이 즐거워하는 놀이공원에서는 여러 직업을 만날 수 있습니다. 놀이공원을 디자인하는 테마파크디자이너를 비롯하여 놀이공원을 만들고 운영하려면 여러 직업이 필요합니다. 놀이공원이 잘 운영되어 우리들이 재미있게 체험하고 이용하기 위해서는, 여러 사람들이 자신의 직업에 해당하는 일을 잘 해 주어야 한다는 것을 알 수 있습니다. 세상의 모든 직업은 다른 직업과 어떻게든 관계를 맺고 있고 서로 연결되어 있습니다.

직업은 우리가 의식주를 해결하기 위해 꼭 필요한 삶의 방편이기도 하지만, 내가 속한 공동체에 적응하며 함께 살아가는 방법을 익히고, 사회구성원으로서의 정체성을 갖게 하는 중요한 수단이기도 합니다. 우리는 일을 함으로써 공동체에 속하게 되고, 함께 일하는 사람들의 모습을 통해 사회를 이해할 수 있게 되는 것이지요.

자, 그럼 우리 모두 내게 잘 맞는 직업을 찾아 직업탐험을 시작해 볼까요?

일과 직업, 어떤 차이가 있나요?

여러분! 개미와 베짱이의 줄거리를 잘 알고 있지요?

여름 한 철에 베짱이가 나무 그늘에서 놀며 노래 부를 때 개미는 열심히 일을 하며 먹이를 모아 저축을 하지요. 드디어 가을이 가고 추운 겨울이 되었을 때 여름에 땀 흘려 먹이를 모아 둔 개미는 겨울을 잘 지내고 있지만 베짱이는 거지가 되어 구걸을 하러 다닌다는 이야기 입니다. 개미와 베짱이의 이야기를 통해 우리는 일의 소중함을 배우게 됩니다.

우리가 일을 하는 이유는 무엇일까요?

베짱이처럼 일을 하지 않고 놀기만 하면 무척 행복할까요? 가끔 로또에 당첨되거나 부모님으로부터 많은 돈을 물려받으면 일을 하지 않고 놀기만 하겠다는 친구도 있습니다. 여러분의 생각은 어떤가요?

사람이 살아가기 위하여 하는 모든 활동을 일이라고 합니다. 일을 함으로써 우리는 사람들과 적극적인 관계를 맺을 수도 있고, 자기 자신이 누구인지 사회로부터 인정받기도 합니다.

그러면 직업과 일은 같은 의미일까요? 일은 인간이 물건을 생산하고, 관리하고, 이를 활용하거나, 정신적 가치의 실현을 위해 하는 모든 활동을 말합니다. 직업은 일정한 일에 지속성을 가지고 종사하면서, 사회구성원으로서 역량을 발휘하여 사회에 도움이 되며 그 대가를 받는 일을 말합니다.

우리가 하는 모든 일을 직업이라고 할 수는 없습니다. 직업이 되기 위한 조건을 살펴볼까요? 직업이 되려면 다음과 같은 다섯 가지의 조건을 갖추어야 합니다.

직업이란 우리가 살아가는 데 필요한 돈을 벌기 위해 (보수) 일정 기간(지속성)이상 하는 일을 말합니다. 직업을 가져야 하는 가장 큰 이유는 우리가 생계를 유지하기 위한 소득을 얻기 위해서입니다. 농부는 농사라는 생산 활동(노동)을 통해서 소득을 얻고, 택시 기사는 택시를 운전하는 서비스 생산 활동(노동)을 하면서 소득을 얻게 됩니다. 우리가 직업을 가지고 일을 한 대가로 받는 임금을 근로소득이라고 합니다. 기업이나 공장 등을 경영하여 얻은 소득을 사업 소득이라 합니다. 우리가 반드시 직업을 가져야만 소득이 생기는 것은 아닙니다. 직업을 통해 생산활동을 하지 않더라도 소득을 얻을 수는 있습니다. 돈이나 땅, 건물을 빌려주고 받는 자산소득이나, 그 외에도 퇴직 후 받는 연금, 생활보호 지원금 등도 모두 소득이라고 할 수 있으나 이를 직업으로 보지는 않습니다.

소득을 얻는 일 외에도 직업은 우리에게 행복과 보람을 줄 수 있다는 점에서 중요합니다(자아실현). 또 직장에서 혹은 개인적으로 맡은 일을 열심히 하는 것은 나라의 경제를 발전시키는 길에 동참하는 것이기도 합니다(사회적 역할분담).

직업이란 생계유지를 위한 보수를 받으며, 노동을 통해, 안정적이고 지속적으로 활동하며 사회발전과 자아 실현에 이바지하는 것이라 할 수 있겠습니다.[18]

직업 O X 퀴즈

직업에 대한 정의를 잘 알게 되었나요? O X 퀴즈를 통해 정리해 볼까요?
다음 글을 읽고 '직업'이라고 정의할 수 있는지, 아닌지 O X로 표시해보세요.

1
우리 아빠는 낮에는 잠깐 동안 판매원으로, 밤에는 오랜 시간 트럼펫 연주자로 일하신다. 학교에서 아빠의 직업을 하나만 적어오라고 해서 밤에 더 오래 일하시기에 '트럼펫 연주자'로 적었다. (   )

2
우리 할아버지는 정년 퇴직하시고 건물 임대료로 생활하신다! 이런 우리 할아버지도 직업인이다. (   )

3
우리 엄마는 매주 노인 상담기관에서 무료로 상담을 해 주고 있는 상담원이다! 돈을 받지 않아도 뿌듯함과 보람을 안겨줄 수 있는 일이라면 좋은 직업이라 할 수 있다. (   )

4
얼마 전 실직을 하신 아버지는 집에서 음식도 하시고, 집안일도 척척하며 주부의 역할을 톡톡히 하고 계신다. 이제 우리 아버지의 직업은 가정주부이다. (   )

5
우리 언니는 자신이 하고 싶은 공부를 하기 위해서 경비 마련을 위해 일시적으로 백화점에서 열심히 아르바이트를 하고 있다. 우리 언니는 어엿한 직업인이다. (   )

6
우리 누나는 진로대학교에 재학 중이다! 그러므로 직업란에 '학생' 이라고 써야 한다! (   )

7 우리 삼촌은 매일 10시부터 6시까지 자신의 컴퓨터 앞에서 개인 주식을 관리한다. 직장에 취직한 삼촌 친구들보다 수입이 좋다! 그러나 우리아버지는 이런 삼촌에게 구박만 하며 취직도 못한 백수라 한다! 우리 삼촌은 백수일까? (   )

8 기원에 날마다 다니시며 내기 바둑으로 종종 수입을 올리시는 영수 아버지는 바둑으로 돈을 벌어오시기 때문에 실업자가 아니다. (   )

9 우리 이모부는 봄, 여름, 가을에는 놀고 겨울에만 스키장에서 '스노우보드' 강사로 일하고 계신다. 우리 이모부의 직업은 '스노우보드' 강사이다. (   )

10 홍길동전에 나오는 홍길동의 직업은 의적이다. (   )

정답 & TIP

번호	1	2	3	4	5	6	7	8	9	10
정답	○	×	×	×	×	×	○	×	○	×

1. 트럼펫 연주자로 지속적인 노동을 통해 보수를 받으므로 직업이다.
2. 노동을 하지 않고 생기는 수입이므로 직업이 아니다.
3. 보수를 받지 않으므로 직업이 아니다.
4. 보수를 받지 않으므로 직업이 아니다.
5. 지속성이 없이 일시적으로 갖는 일은 직업이 아니다.
6. 학생은 보수도 없고 노동이라고 할 수 없으므로 직업이 아니다.
7. 노동을 하지 않고 생기는 이자 소득, 배당금 등의 수익이 발생하는 일은 직업이 아니다.
8. 노동을 하지 않고 사행성 행동으로 소득을 올리는 일은 직업이 아니다.
9. 한 계절이지만 지속성이 있고 노동을 통해 소득을 올리므로 직업이라고 할 수 있다.
10. 조직폭력배나 도둑 등 법에 위반이 되는 일은 직업이 아니다.

퀴즈로 알아가는 다양한 직업

여러분에게 어디든지 갈 수 있는 여행의 기회가 주어진다면 어디로 여행을 가고 싶은가요?

학교 친구들에게 물어보면 대부분 미국 중국 유럽 등 자신이 알고 있는 나라에 가보고 싶다고 대답합니다.

레소토, 벨리즈 이런 나라의 이름을 들어본 적이 있나요? 레소토는 아프리카에 있는 작은 왕국이고, 벨리즈는 북아메리카에 위치한 나라입니다. 만일 내가 이 두 나라를 모른다면 여행 목적지의 대상이 되지 못할 것입니다.

우리나라에는 약 14,000여 개의 직업이 있습니다. 그러나 대부분의 청소년들이 알고 있는 직업의 종류는 많아야 50여 개를 넘지 못하고, 희망직업 또한 교사, 변호사, 의사, 공무원 등 부모님이나 우리가 익히 들어 알고 있는 직업들 중 선택을 하게 됩니다. 직업을 선택하기에 앞서 얼마나 다양한 직업이 있는지, 그 일은 무엇을 하는 것인지, 어떻게 될 수 있는지 등의 정보를 알아보는 것이 먼저 필요할 것입니다.

자! 그럼 재미있는 활동을 통해 다양한 직업의 세계로 떠나 볼까요?

숨겨진 직업을 찾아라

글자판에 숨겨진 직업명을 찾아보세요.

사	베	타	테	스	터	게	분	세	펀
호	회	아	나	운	서	임	장	무	드
변	호	복	리	조	우	시	사	사	매
리	서	사	지	향	성	나	뉴	교	니
사	약	영	양	사	바	리	스	타	저
세	국	회	의	원	품	오	캐	스	모
관	약	수	연	예	인	작	스	델	외
동	시	통	역	사	요	가	터	환	교
부	농	보	험	계	리	사	딜	가	관
소	물	리	에	회	사	러	사	역	점

내가 찾은 직업은?

••• 정답은 156페이지에 있습니다.

가로세로 직업 퍼즐

〈보기〉

머천다이저, 이벤트플래너, 원예사, 운동처방사, 사회복지사, 광고마케터, 작업치료사, 치과기공사, 변리사, 저널리스트, 나레이터, 조경사, 카피라이터, 호텔리어, 모니터요원, 이미지컨설턴트, 항공기조종사, 항해사, 사이처, 애드마스터, 웹디자이너, 회계사

••• 정답은 158페이지에 있습니다.

가로세로 직업 퍼즐 열쇠

세로열쇠(번호)

1. 신체 조건, 건강상태, 질병에 따라 적절한 운동의 종류와 방법을 알려주고 점검해 주는 사람.
2. 개인, 혹은 단체의 특성을 분석하여 적합한 이미지를 만들어주고 관리하는 사람.
3. 치과의사의 진단에 따라 의치나 교정장치를 만들거나, 가공, 수리하는 일을 하는 사람.
4. 개인적, 사회적으로 어려움을 겪는 사람들의 문제를 진단 평가하여 도움을 주는 일을 하는 사람.
5. 방송국이나 신문사의 의뢰를 받아 프로그램이나 기사에 대한 의견을 제출하거나 생산 업체의 의뢰를 받아 상품을 써 보고 그 결과를 보고하는 사람.
6. 특허권 취득을 위하여 법률적, 기술적인 상담을 지원하는 사람.
7. 소비자가 원하는 상품을 기획하고 만드는 일을 하며 상품기획자라고도 한다.
8. 비행기를 조정하여 여객이나 화물을 수송하는 사람.
9. 호텔을 이용하는 사람들이 불편하지 않도록 여러 가지 서비스를 제공하는 사람.
10. 박람회, 축제, 심포지움, 대회 등의 각종 대회 등의 이벤트를 기획하는 전문가.
11. 서버에 프로그램 설치, 광고수정, 배너의 노출 및 클릭수를 점검하는 등 전반적인 인터넷 광고서버를 관리하는 사람.
12. 방송광고의 멘트, 나레이션, 광고노래의 가사 등 광고글자를 작성하는 사람.

가로 열쇠(알파벳)

A. 광고물을 기획, 제작하거나 일반기업체의 홍보물을 제작하는 사람.
B. 개인이나 기업의 경영상태, 재무상태에 대하여 조사, 판단하여 상담해주는 일을 하는 사람.
C. 조경 시설을 유지 관리하거나 정원 등을 설계하고 조성하는 일을 한다.
D. 산업재해로 인해 신체적 장애를 가진 사람들의 신체기능장애를 회복시키기 위해 훈련 치료 업무를 수행하는 사람.
E. 사이버(Cyber)와 선생님(Teacher)의 합성어로 인터넷 학습사이트에서 교육프로그램과 메일 등을 통해 회원들과 상담하며 학습을 도와주는 사람.
F. 영화, 방송극, 연극 따위에서, 직접 등장하지 아니하고 줄거리나 장면의 내용 따위를 해설하는 사람.
G. 채소, 과일, 화초 따위를 심어서 가꾸는 일을 직업으로 하는 사람.
H. 항로의 설정, 선박 위치측정, 선박 내 질서 유지 등 배의 운항에 관한 전반적인 일을 한다.
I. 신문이나 잡지 일에 종사하는 사람.
J. 여객과 화물을 수송하기 위해 열차를 운전하는 사람.
k. 홈페이지의 문자, 그림 동화상, 음성 등을 재가공하여 이용자들이 알기 쉽게 만드는 작업을 하는 사람.

직업 골든벨

내가 되고 싶은 직업이 자격증이 꼭 필요한지, 대학은 어느 학과를 나오면 유리한지 등의
직업에 관한 다양한 정보를 재미있는 골든 벨 게임을 통해 알아봅시다.

Stage 1 하는 일

1. 통신기술자는 통신, 공학과 기술 등에 관한 지식을 쌓아야 한다. (　)
2. 만화가는 창의력과 정교한 동작 추리력 등이 요구된다. (　)
3. 심리학 연구원은 전공뿐 아니라 인접 학문의 관련 지식을 쌓는 것도 중요하다. (　)
4. 건축설계사는 실무경력이 중요하지는 않다. (　)
5. 인테리어디자이너와 실내건축가는 다른 직업이다. (　)
6. 일정한 기준에 따라 도서를 분류, 정리, 보관하는 일은 사서의 업무이다. (　)
7. 보험계리사는 보험, 연금, 퇴직연금 등의 보험상품을 개발한다. (　)
8. 출납창구사무원은 금융기관에서 금전의 수납 환전 지불등과 관련해 고객과 직접 거래한다. (　)
9. 출판물편집자는 자료를 입력하고 각종 출판물을 편집한다. (　)
10. 선박항해사는 선박운영에 관한 전반적인 책임을 맡는다. (　)
11. 세무사는 개인, 기업을 대신해 납세신고서를 작성하거나 세금관련 상담을 한다. (　)
12. 방송기자는 인문 사회계열보다는 이공계열 전공자가 유리하다. (　)
13. 행사기획자는 보통 실무경력보다 학력이 중시된다. (　)
14. 호텔관리자는 호텔 내 부서운영을 기획 지휘한다. (　)
15. 상담전문가는 심리검사, 상담프로그램을 활용해 문제 해결을 돕는다. (　)

••• 정답은 159페이지에 있습니다.

Stage 2
학과

1. 경찰관이 되려면 반드시 경찰행정학과를 졸업해야 한다. (　)

2. 경영컨설턴트가 되려면 반드시 경영학과를 졸업해야 한다. (　)

3. 화학연구원은 졸업 후 석사나 박사 학위를 취득하는 것이 유리하다. (　)

4. 의사는 반드시 의과대학을 졸업하여 의학전문대학원을 진학하여야 한다. (　)

5. 생물학연구원의 관련학과는 심리학과이다. (　)

6. 게임 그래픽디자이너의 관련학과는 산업디자인 시각디자인학과 등이다. (　)

7. 카피라이터는 광고홍보학과 등 관련학과를 졸업해야만 한다. (　)

8. 메이크업아티스트는 미용관련학과를 반드시 전공해야 한다. (　)

9. 대학교에는 연예인 매니저 관련학과인 연예인 매니지먼트과도 있다. (　)

10. 광고 기획자는 광고홍보학과 또는 신문방송학과를 반드시 졸업해야 한다. (　)

11. 기업 고위임원이 되기 위한 학력과 전공제한은 없다. (　)

12. 변호사는 사법시험에 합격하거나 변호사 시험에 합격해야 한다. (　)

13. 대학에 미용사와 관련된 학과는 없다. (　)

14. 항공기 객실승무원은 항공운항과 항공관광학과 등의 전공제한이 있다. (　)

15. 초등학교교사 관련학과는 초등교육학과이다. (　)

••• 정답은 159페이지에 있습니다.

1. 소방관이 되려면 소방직 공무원 공개채용시험에 합격하면 된다. ( )
2. 비파괴 검사원과 관련된 자격증은 없다. ( )
3. 안경사는 관련학과를 전공하고 안경사 국가시험에 합격해야 한다. ( )
4. 응급 구조사는 응급 구조학과만 졸업하면 자격증은 취득하지 않아도 된다. ( )
5. 치과 기공사는 관련학과를 전공한 후 국가면허시험에 합격해야 한다. ( )
6. 치과의사는 치의학 전문대학원에서 학위를 취득하면 국가면허자격증은 취득할 필요가 없다. ( )
7. 물리학연구원은 물리학과 또는 수학과를 전공한 후 반드시 자격증을 취득해야 한다. ( )
8. 공인회계사는 자격증을 취득해야 한다. ( )
9. 경리사무원 관련자격증은 전산회계운용사 1-3급이다. ( )
10. SIS, CISA는 컴퓨터 보안전문가 관련자격증이다. ( )
11. 비서관련자격증은 없다. ( )
12. 물리치료사는 관련학과 전공 후 반드시 물리치료사 자격증을 취득해야 한다. ( )
13. 유치원교사는 자격증을 취득하지 않아도 종사 가능하다. ( )
14. 관세사는 관세청에서 주관하는 관세사 자격증을 취득해야 한다. ( )
15. 간호사는 간호학 전공 후 간호사 국가시험에 합격하여 면허를 취득해야 한다. ( )[19]

••• 정답은 159페이지에 있습니다.

직업갤러리

우리가 사는 사회에는 여러 가지 직업들이 참 많이 있습니다.
주어진 단어와 관련된 직업을 보기에서 골라 오려 붙여봅시다.

자동차 관련 직업

컴퓨터 관련 직업

음식 관련 직업

Ⅲ. 두런두런 직업

방송국 관련 직업

옷 관련 직업

핸드폰 관련 직업

직업갤러리 직업리스트(오려 붙이기 자료)

패션잡지 에디터	패션 코디네이터	스타일리스트	영양사
자동차정비원	의복검사원	한복사	무대디자이너
게임그래픽 디자이너	모델	패턴원	재봉원
카메라맨	패션디자이너	자동차디자이너	응용소프트웨어 개발자
프로듀서	부르마스터	기상캐스터	조명기사
자동차공학 기술자	운전기사	카레이서	주차관리원
구성작가	쇼콜라티에	컴퓨터하드웨어 개발자	슈가크래프터
소믈리에	카딜러	판금도장 튜닝원	푸드 스타일리스트
리포터	자동차검사원	메이크업 아티스트	휴대폰 디자이너
아바타 디자이너	컴퓨터 보안전문가	모바일회로 엔지니어	디스플레이 디자이너
파티쉐	컴퓨터 프로그래머	휴대폰 상품기획자	시스템소프트웨어 개발자
요리사	바텐더	모바일컨텐츠기획자	모바일뮤직디렉터
프로듀서	벨소리컬러링작곡가	쇼핑호스트	음향기사

••• 위 카드는 부록 211페이지에 있어요. 절취해서 사용하세요.

직업갤러리 정답

자동차 관련 직업
자동차 정비원
자동차 공학기술자
운전 기사
판금도장튜닝원
카레이서
카딜러
자동차디자이너
자동차 검사원
주차관리원

컴퓨터 관련 직업
게임그래픽디자이너
컴퓨터하드웨어개발자
응용소프트웨어개발자
아바타디자이너
컴퓨터보안전문가
시스템소프트웨어개발자
컴퓨터프로그래머

음식 관련 직업
푸드스타일리스트
쇼콜라띠에
영양사
소믈리에
파티쉐
부르마스터
바텐더
요리사
슈가크래프터

방송국 관련 직업
무대디자이너
메이크업아티스트
쇼핑호스트
카메라맨
음향기사
구성작가
리포터
프로듀서
기상캐스터
조명기사

옷 관련 직업
패션잡지에디터
재봉원
디스플레이디자이너
한복사
패션코디네이터
스타일리스트
패션디자이너
의복검사원

핸드폰 관련 직업
휴대폰디자이너
모바일회로엔지니어
휴대폰상품기획자
벨소리컬러링 작곡자
모바일컨텐츠기획자
모바일뮤직디렉터

직업의 생로병사

"내리실 분 안 계세요? 오라~~잇"

불과 40년 전만해도 시내버스에는 버스안내양이 있어 요금을 받았습니다. 전화를 걸면 전화교환원이 전화를 연결해 주었습니다. 인기 직업이었던 버스 안내양과 전화교환원은 지금은 사라지고 없는 직업입니다.

그 외에 여러분이 알고 있는 사라진 직업들은 어떤 것이 있나요?

그 직업이 사라진 이유는 무엇일까요?

여러분이 자라서 어른이 되면 현재 있는 직업들 중 사라지는 직업이 많이 있을 것입니다. 반대로 없었던 직업이 생겨나기도 합니다. 직업은 과학의 발달과 사회의 변화에 따라 없어지기도 하고 새로 생겨나기도 합니다. 미래에는 학교도 사라지고 대학교수도 사라질 직업 이라고 합니다.

사회가 점점 고령화에 되어감에 따라 노인과 관련된 새로운 직업이 생겨나기도 하고 컴퓨터의 발달과 정보화의 가속화로 인해 기존의 직업이 사라지기도 합니다.

많은 미래학자들이 향후 20년 후에는 현존하는 일자리의 상당부분이 사라지고 자동화와 기술발전으로 기계와 로봇 등이 일자리를 대체할 것이라고 전망했습니다.

미래사회에는 어떤 직업이 필요할까요?

직업 타임머신

사회가 변하면 직업세계도 변화하게 됩니다.
옛날에 있던 직업 중에는 사라지기도 하고 모습을 바꿔 지금까지 이어져 오는 직업도 있습니다.
옛날 직업과 오늘날 변화된 직업을 줄로 연결해보세요.

1. 역관 · · 통역사

2. 지게꾼 · · 택배원

3. 변사 · · 성우

4. 인력거꾼 · · 선생님

5. 중매쟁이 · · 상인

6. 훈장 · · 택시운전사

7. 보부상 · · 시장(군수)

8. 의녀 · · 간호사

9. 화원 · · 화가

10. 원님 · · 커플매니저

••• 정답은 158페이지에 있습니다.

2030년까지 20억 개의 일자리가 사라진다

시대가 변함에 따라 직업은 새로 만들어지기도 하고 사라지기도 합니다.
기존 기술이나 일자리를 첨단기술이 대체하면서 이에 따라 없어지는 직업이 생기게 됩니다. 스마트 폰의 사진 찍기 기능 때문에 거의 대부분의 사진관이 사라지고 소수만 그 명맥을 이어가고 있습니다. 사진을 찍기 위해 꼭 필요했던 필름산업도 디지털카메라와 스마트 폰의 출현으로 이제 거의 찾아볼 수 없게 되었습니다.
반대로 새로운 제품이 하나 만들어지면 그 제품과 관련된 수 많은 직업이 생겨나기도 합니다. 일례로 스마트 폰이 생겨나면서 어플리케이션 개발자 등 이전엔 없던 직업들이 많이 생겨 났습니다. 우리가 어른이 되는 사회에서는 지금 현재 각광받고 있는 많은 직업들이 더 이상 존재하지 않을 수도 있습니다.
옥스퍼드 마틴스쿨의 칼 베네딕트 프레이 교수는 "자동화와 기술발전으로 20년 이내 현재 직업의 47%가 사라질 가능성이 크다"고 하였습니다. 미래학자 토마스 프레이(Thomas Frey)도 2030년까지 20억 개의 일자리가 사라질 것이라고 전망하였습니다.[20]

미래의 직업환경은 우리가 생각하는 것보다 훨씬 많은 변화가 있을지도 모릅니다. 여러분이 사회에 나갈 시대는 앞으로 몇 년 후인가요? 절반 정도는 사라지고 없을, 더 이상 필요하지 않은 직업을 내가 생각하고 있지는 않은가요? 기존 일자리들이 점점 없어지지만 이를 대신할 수 있는 새로운 기회들도 나타날 것이라고 합니다. 우리는 지금 현재의 직업에 초점을 맞출 것이 아니라 앞으로 내가 살아갈 사회에서 어떤 직업이 필요할 것인가를 먼저 생각해야 할 것입니다.

이색직업

미래에는 직업들이 점점 세분화되고 다양해지며 더욱 전문화가 되어 질 것이라고 합니다.
다음과 같은 일을 하는 사람을 무엇이라고 할까요?
보기에서 골라 적어 봅시다.

1. 온라인 학습을 돕는 교사

2. 온라인장터를 원활하게 운영될 수 있도록 도와주는 사람

3. 하우스맥주 전문점에서 맥주를 만들고 관리하는 사람

4. 국가, 기업간 탄소 거래를 중계해주는 역할을 하는 사람

5. 호텔 고객 서비스를 총괄하는 사람

6. 인터넷 광고 서버 관리자

7. 특허 관련 일을 대행하는 사람

8. 아기의 변을 보고 건강을 분석하여 그 부모에게 알려주는 사람

9. 오프라인이나 온라인상에서 펼칠 수 있는 e-sports경기장을 만들어주는 사람

10. 말의 발굽 보호, 닳는 것을 방지하는 편자를 만들어 장착하는 사람

11. 설탕으로 꽃이나 장식품 등을 만드는 사람

12. 영화 속 모든 상황에서 발생하는 진짜 같은 소리를 창조하는 사람

13. 시각장애인이 손가락으로 글을 읽을 수 있도록 점자로 고치는 일을 하는 사람

20. 모델들의 포즈를 전문적으로 지도하는 사람

14. 출시제품의 매뉴얼을 소비자가 알기 쉽도록 고쳐주는 사람

21. 레스토랑 등에서 포도주에 관한 서비스를 전문으로 하는 사람

15. 새로운 향을 만들고 제품에 향을 입히는 일을 하는 사람

22. 자동차경주에서 자동차의 타이어나 부품들을 정비하는 사람

16. 수족관 관리, 어류를 사육, 연구하는 사람

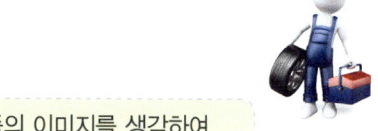

17. 인터넷에 남겨진 망자(亡者)의 디지털 정보를 청소해 주는 일을 하는 사람

23. 제품의 이미지를 생각하여 이름을 만드는 사람

18. 손님으로 가장해 매장 방문하여 직원의 서비스, 고객 만족도 등을 파악하는 사람

24. 광고를 정보로 만들어 제공하는 검색광고 및 검색 정보전문가

19. 전문인력 등을 기업체에 소개해 주는 사람

25. 새로운 맛과 향의 술을 만들어 내는 주류 전문 직업인

탄소거래중개인, 슈가크래프터, 호텔컨시어지, 변리사, 폴리아티스트, 점역사, 테크니컬라이터, 아트워크매니저, 사이처, 소믈리에, 조향사, 레이싱미캐닉, 아쿠아리스트, 네이미스트, 아기변성진단가, 애드마스터, 카테고리매니저, 디지털장의사, e-스포츠맵 제작자, 키워드에디터, 미스터리샤퍼, 조주사, 헤드헌터, 부르마스터, 장제사

••• 정답은 159페이지에 있습니다.

직업신조어

여러분은 CJ라고 하면 어떤 것이 떠오르나요? 이것도 직업의 이름이랍니다. Chattering Jockey, Cyber Jockey를 말하는 것으로 인터넷 음악방송을 진행하거나 인터넷 채팅사이트를 진행하는 사람을 뜻하는 용어랍니다. 최근 직업이 다양해지고 복잡해지면서 우리가 알지 못하는 initial word 를 사용한 직업도 많이 생겨나고 있습니다. 최신 생겨난 직업과 관련된 신조어를 살펴볼까요?

◆ 비쥬얼 MD(Merchandising Director)
상품에 대한 시각적인 요소를 최대한 반영, 상품자체를 돋보이게 함으로써 판매에 기여하도록 하는, 상품 관리적인 측면에서의 제반 활동을 돕는 사람.

◆ I.P(Information Provider)
정보제공자 또는 인터넷이나 컴퓨터 통신망을 통해 정보를 제공하고 이용요금을 받는 사업을 하는 사람.

◆ CRM(Customer Relationship Management)전문가
현재고객과 미래고객을 관리하고 영업, 마케팅 및 고객서비스 팀과 고객간의 상호작용을 도와 정확한 고객정보를 이용한 비즈니스 의사결정을 돕는 사람.

◆ G.O(Gentle Organizer)
'village'라고 불리는 세계도처의 각 휴양지에 상주하면서 자신이 가지고 있는 다양한 특기를 살려 스포츠 강사, 요리사, 가이드, 바텐더, 은행업무 등에 종사하는 사람.

◆ FP(Fianancial Planner)
개인 재무 설계사로 사람들을 위한 재정 계획을 준비하는 전문가.

◆ GIS(Geographic Information System)전문가
각종 지리정보에 대한 체계적인 관리와 운영을 할 수 있도록 다양한 최신 정보기술을 이용하여 시스템의 분석, 설계 및 구축에 관한 업무를 전문적으로 수행하는 사람.

◆ CM(Construction Management)전문가
건설사업관리자로 건설의 시작부터 완성까지 시간 비용 범위 품질 등 전 과정에 걸쳐 관리하는 전문가.

◆ ERP(Enterprise Resource Planning)전문가
통합적인 컴퓨터 데이터베이스를 구축해 회사의 자금, 회계, 구매, 생산, 판매 등 모든 업무의 흐름을 효율적으로 자동 조절해주는 전산 시스템 전문가.

◆ CRM(Customer Relationship Management)전문가
고객에 대한 정보를 수집하고, 수집된 정보를 활용하여 고객을 관리하고, 고객의 가치를 극대화시키기 위한 기업의 마케팅 시스템을 효과적이고 성공적으로 구축하기 위한 시스템의 분석, 설계 및 구축에 관한 솔루션을 전문적으로 제공하는 일을 하는 사람.

◆ CI(Coperate Identity)디자이너
단체나 기업 등 특정 대상의 특징을 상징화(정체성)하여 기업의 일관성 있는 이미지 전략(활용계획)을 세우는 전문가. [21]

미래 직업 메가트렌드

최근 과학 발달로 인한 변화의 속도는 유사 이래 그 어느 때보다도 빠르다고 합니다. 이로 인한 직업세계 역시 빠르게 변화하고 있습니다. 미래 직업세계의 변화를 예측하고 준비하는 것이 미래 직업 세계로 나아가는 청소년이나 구직자들에게 매우 중요한 일일 것입니다.

미래 우리 나라 사회는 어떻게 변화할까요? 우리나라의 미래 유망 직업은 무엇일까요? 미래학자들이 예언하는 세계의 변화와 더불어 한국 고용정보원이 운영하는 취업정보 싸이트 워크넷에서 말하는 10년 후 우리나라의 직업 10대 트렌드를 살펴보았습니다.

1. 엔지니어와 세분화된 전문가가 우대받아요

로봇, 의료.정밀기기, 3D프린터 등 첨단분야의 기술. 제품개발 경쟁이 심화되고, 특수산업용 기계 및 금속 공작. 가공기계분야 관련된 엔지니어 및 전문직이 전문화 세분화 될 것으로 보입니다.

미래 직업 창출의 첨단기술로 사물인터넷, 소프트웨어, 3D 프린터, 드론, 무인자동차등의 예를 들어볼 수 있습니다. 3D 잉크 개발자, 프린팅 패션디자이너, 3D 비주얼 상상가 등 생소한 직업들이 생겨날 것으로 보고 있습니다.

2. 환경과 에너지에 관심이 높아져요

세계는 이미 친환경 자동차인 하이브리드카를 개발하고 2005년 교토의정서를 통해 탄소 배출권의 협약을 맺는 등 OECD나 G20등이 전세계적으로 협력하여 지구 온난화와 기후 변화에 대비한 활동을 하고 있습니다. 지구의 석유 고갈 시점을 2030년으로 예측하여 대체 에너지 개발 등 고갈되지 않고 지속적으로 활용할 수 있는 태양열, 바이오에너지, 수소에너지등 미래의 에너지 개발이 필요할 것으로 보여 이 분야의 고용 창출이 확대될 것으로 기대됩니다.

3. 미용, 건강관련 직종과 창조산업이 각광받아요

생활수준의 향상, 여가문화 수요의 증가 등으로 디자인, 방송, 영화, 공연, 게임, 에니메이션 등 창조산업 관련 직종의 고용 증가와 풍요와 수명 연장 등에 따른 삶의 질을 유지하고 중시하는 위로산업의 분야 등 삶의 질을 추구하는 분야에서 고용이 증가할 것으로 보입니다.

4. 사람들의 안전에 대한 욕구가 높아져요

풍요와 수명 연장 등은 오히려 삶의 위기와 테러와 같은 위협에 대한 불안을 증폭시키면서 보험, 보안등의 다양한 위험 회피 산업을 성장시키고, 안전과 치안 보안관련 분야의 고용이 증가할 것으로 보입니다.

5. 개인서비스 및 반려동물 관련 직종이 증가해요

맞벌이 가정 및 저 출산, 1인 가구 증가로 개인을 대상으로 한 서비스 사업이 증가하고, 반려동물과 관련된 직종이 더욱 전문화되며 그 방면의 고용도 증가할 전망입니다.

6. 저 출산 및 고령화에 따른 직업구조 변화가 예상 되요

평균수명이 90세에 육박하면서 건강, 의료, 복지 등 관련산업이 증가할 뿐만 아니라 저 출산에 따른 학령 인구 감소로 교수와 교사 직종의 고용은 줄어들 전망이며, 노인 노동력이 노동공급의 빈자리를 차지하게 되어 경제 성장의 한 축으로 자리잡게 될 것입니다.

7. 온라인 거래가 확산되요

이베이, 아마존, 비타트라, 타오바오, 라쿠텐등 국내외적으로 최근 온라인을 통한 거래 및 교류가 폭발적으로 증가하면서 관련직업간 고용에도 영향이 있을 것으로 보입니다.

143

Ⅲ. 두런두런 직업

8. 기계화와 자동화로 일자리가 줄어요

모든 종류의 일에 디지털 기술과 네트워크, 첨단산업화로 인해 산업의 특성 및 일의 특성을 자동화, 첨단화시켜 자동화된 기계와 소프트웨어 프로그램이 사람을 대체하게 될 것이다. 디지털, 스마트 워크 등의 단어로 대변되는 관련프로그램이 직업간 고용의 변수가 될 것으로 보입니다.

9. 3D직종의 일할 사람은 부족하고 근로자의 평균 나이가 높아져요

건설 기능직 등 힘들고 위험한 3D직종에 대한 청년층의 취업 기피 및 근로자의 고령화로 내국인 종사자의 감소가 예상됩니다.
3D업종이란 더럽고(dirty) 어렵고(difficult) 위험한(dangerous)업무를 일컫는 말입니다. 청년층의 3D업종 취업의 외면으로 나이든 사람들이 그 자리를 대체하면서 근로자의 고령화로 인한 안전문제와 더불어 청년실업문제가 발생하고, 대체인력으로 외국인을 고용함으로써 외국인들의 불법체류문제, 범죄문제 등 사회적인 문제가 대두될 것으로 보입니다.

10. 인간의 감성적 욕구를 채워주는 상품 및 서비스가 성장해요

소비자의 취향, 기호가 다양해지고 감성적 욕구를 채워 줄 수 있는 인간이해 능력이 미래 인재의 특성으로 중시될 것입니다. 핵가족화, 1인 가구 등의 증가로 정서적 교류 기회의 부족이나 각박한 사회생활의 스트레스를 다뤄줄 수 있는 상담심리사 등 다양한 심리적인 고통과 어려움을 가지고 있는 사람들이 안정감을 갖고 사회생활을 할 수 있도록 인간의 마음을 돌보는 위로산업 등이 성장할 것으로 보입니다.[22]

무한상상 직업

미래에는 어떤 직업들이 생겨나고 인기가 있을까요?
앞으로 20년 뒤를 상상해 보고 그 때 새롭게 생겨날 직업을 만들어 봅시다.

직업명 :

하는 일 :

생겨난 이유 :

어떤 흥미와 능력이 필요한가요 :

무한상상 직업 (예시)

직업명 : 유전자 디자이너

하는 일 :
인간의 유전자를 분석한 후 병을 일으킬 가능성이 있는 곳에
건강한 DAN를 자르고 끼워 넣어 암과 같은 질병을 예방하고
젊음을 유지하도록 돕는다.

생겨난 이유 :
인간의 수명을 늘리기 위해 질병을 치료할 목적과
젊음과 아름다움을 갖고 싶은 인간의 욕구를 채워주기 위해
건강한 유전자를 잘라서 붙여주는 과학자겸 의사.

어떤 흥미와 능력이 필요한가요 :
탐구형 (I), 진취형 (E) 의 흥미유형에게 잘 맞으며, 생물 의료 화학 수학 등의
지식이 필요하고 분석적이고 논리적 사고를 바탕으로 인간에 대한 탐구인 자세가
필요하다.

활동샘플

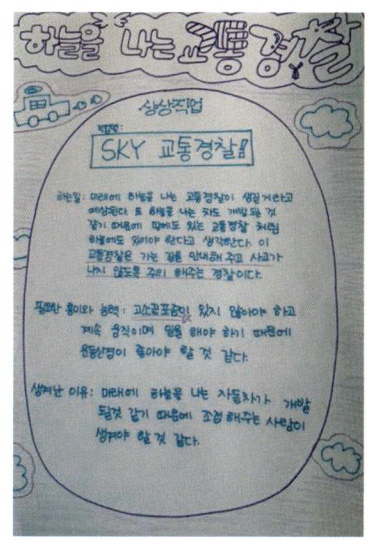

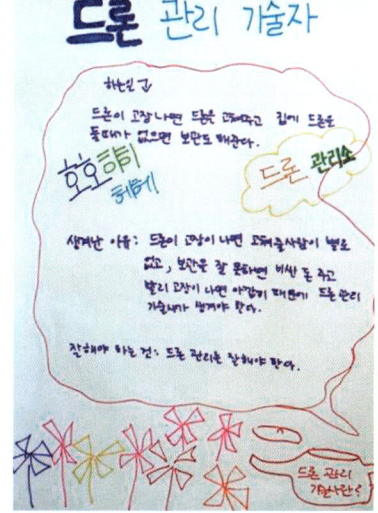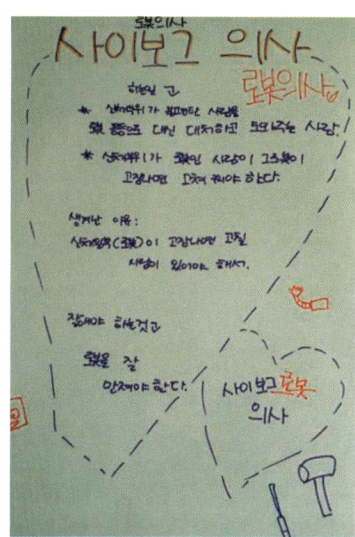

147
Ⅲ. 두런두런 직업

직업정보탐색하기

직업에 대해 정보를 얻을 수 있는 방법은 어떤 것들이 있을까요? 그 직업에 종사하고 있는 분들의 이야기를 직접 듣기도 하고 책이나 신문을 통해 정보를 얻을 수도 있습니다. 또한 인터넷 사이트에서 직업, 취업 등 진로에 관련된 다양한 정보를 접할 수 있습니다.

● 직업정보사이트 ●

1. 워크넷 : http://www.work.go.kr

한국고용정보원이 운영하는 취업포털싸이트로 심리검사, 직업정보, 채용정보, 고용정보 등 진로결정과 취업에 관한 상세정보가 수록되어 있습니다.

2. 커리어넷 : http://www.careernet.re.kr

한국직업능력개발원이 운영하는 싸이트로 대상 별 진로 및 직업정보를 제공합니다.

3. HRD-NET : http://www.hrd.go.kr

직업훈련정보망으로 훈련직종별, 지역별, 기간별로 직업훈련을 검색할 수 있습니다.

4. 진학진로정보센터 : http://www.jinhak.or.kr

서울특별시 교육연구정보원에서 운영하는 싸이트로 직업정보 및 진로 진학정보를 검색할 수 있습니다.

직업정보 알아보기

워크넷(www.work.go.kr)과 커리어넷(www.career.go.kr)을 이용하여 자신이 하고 싶은 직업의 내용을 자세하게 조사해 봅시다.

희망 직업명	예) 건축설계기술자		
하는 일	상업용, 공공시설 및 주거용 빌딩의 건설 및 수리를 위한 설계를 구상하고 계획한다.		
교육/훈련	전문대학이나 대학교(5년제)의 건축학과 또는 건축전문대학원(2년 또는 3년제)을 졸업하고 건축사사무소에 취업하여 건축사보로서 실무 경력을 쌓는다.		
관련학과	건축설비공학과, 건축학과 등		
관련자격	건설기계기술사 건축사(국가전문) 건축사(예비) (국가전문)		
임금	평균(50%)4000만원		
직업유망성	건축설비공학		
흥미유형	예술형(A), 탐구형(I)		
관련직업	건축공학기술자 건축감리기술자 조경기술자 인테리어디자이너		

탐색방법
워크넷 (www.work.go.kr) → 직업정보검색 → 직업명 검색 및 직업분류로 검색
커리어넷(www.career.go.kr) → 직업학과정보 → 직업정보 및 주니어직업정보로 검색

직업 가치관

여러분은 직업을 선택할 때 무엇을 가장 중요하게 생각하나요? 이것은 아마도 사람마다 다를 것입니다. 우리가 직업을 선택할 때 흥미와 적성과 더불어 직업에 대한 가치관도 중요하게 생각해야 할 요소입니다. 내가 그 일을 하는 이유를 알 수 없고 일을 하는 내내 만족감이 느껴지지 않는다면 그 일은 나에게 적합하다고 할 수 없을 것입니다.

오랜 시간 버스나 지하철을 타는 것을 싫어하는 사람은 직장이 집에서 가깝다는 것이 가장 중요하게 생각될 수 있습니다. 어떤 사람은 근무시간이 일정해서 퇴근 후 자신의 일과가 보장되는 직장을 선호하는가 하면, 또 어떤 사람은 출근과 퇴근 시간 등 일과에 얽매이지 않고 자유롭게 일할 수 있는 환경 또한 중요한 가치의 한 요소가 될 수 있습니다.

하나의 직업을 예를 들어볼까요? 같은 의사라 할지라도 '돈'을 나의 최고의 직업 가치로 생각하는 사람은 어떻게 하면 가장 많은 돈을 벌 수 있을까 하는 방향으로 생각을 하게 될 것입니다. 반면 사람의 목숨을 살릴 수 있다는 의술에 대한 가치를 둔다면 그 의사는 아마도 의술을 연마하고 이를 후학에게 전달할 수 있는 스승으로서의 길을 찾을 것입니다. 자신이 가진 의술을 의료의 혜택을 받지 못하는 사람들에게 나눠줌으로써 보람을 느끼는 의사라면 의료의 혜택이 닿지 않는 오지에서, 생활의 안락함과는 거리가 먼 가난하고 험난한 생활도 마다하지 않을 것입니다. 어떤 가치를 택하든지 옳고 그름은 없습니다. 자신이 얼마나 그 직업에 만족하고 행복하게 일할 수 있는가는 가치관이 중요하게 작용할 것입니다.

직업 가치관은 때로 사회의 변화에 따라 달라지기도 합니다.

그러나 시대의 흐름에 따라 아무리 직업의 종류와 선택 동기가 달라진다 해도 변하지 않는 가치는 있습니다. '직업관', '직업윤리' 또는 '천직의식'등 다양한 이름으로 불리는 이러한 가치를 지키기 위해 금전적 이익을 포기할 수도 있는가 하면, 때로는 성취감을, 혹은 명예를 얻는 일에 몰두하기도 합니다.

나의 직업 가치를 아는 것은 이처럼 나의 흥미나 적성을 아는 것 못지않게 매우 중요한 일입니다. 자신의 진로를 정하고 그 일에 충실하며 기꺼이 불편한 점을 참아낼 수 있도록 하는 것은 바로 나의 직업에 대한 가치관입니다.

자, 그럼 나의 직업 가치관은 무엇일까요?

성취감
발전성

흥미

봉사

금전적 보상

어떤 항공사의 승무원채용

오래 전 미국의 한 항공사가 승무원을 선발하면서 '여행을 즐기는 사람'을 우대하여 선발하였습니다. 그런데 이들은 초기에 왕성한 근무의욕을 나타냈으나 1년쯤 지나자 줄줄이 퇴사해 버렸습니다. 당황한 항공사는 다음 승무원 채용 시에 전문가의 조언을 받아서, 이번에는 '남에게 친절 베풀기를 즐기는 사람'을 뽑았습니다. 그러자 이들은 자기 일을 즐기면서 오래 근속했습니다. 왜 그랬을까요?? 승무원이라는 직업의 가치는 친절을 베푸는 것이기 때문입니다. 여행을 좋아하는 것은 승무원이라는 직업에 별로 중요하지 않았던 것입니다. 따라서 겸손하고 남에게 친절을 베풀고 대접하기를 즐기는 사람이 그 일을 즐기면서 할 수 있었던 것이지요. 회사가 처음에 실패한 이유는 승무원에 지원하는 사람들의 직업 가치를 잘못 파악하여 여행 즐기는 사람을 뽑았기 때문입니다. 이들은 처음에는 여행 다니는 재미에 열심히 비행기를 탔으나 구경이 다 끝나가니 흥미를 잃어 버렸던 것입니다. 항공사는 고객으로 알맞은 사람을 직원으로 채용한 셈이 되어 버린 것입니다. [23]

직업 가치관의 종류

		직 업 가 치
1	성취감	스스로 목표를 세우고 이를 달성하여 얻은 만족감을 중시하는 가치
2	봉사	자신의 이익보다 사회의 이익을 고려하고 다른 사람에게 도움이 되고자 하는 것을 중시하는 가치
3	보수	경제적인 어려움이 없도록 수입이 많은 것에 대한 가치
4	직업 안정	자신이 원하지 않는 퇴직의 염려 없이 오랫동안 그 직장에서 일하며 안정적인 수입을 보장받는 가치
5	공평성	일한만큼 대우받으며 모든 사람이 공평하게 대우받는 작업환경과 기회에 대한 가치
6	발전성	일에서 새로운 지식과 기술을 얻을 수 있거나 발견할 수 있는 기회가 있는가를 중시하는 가치
7	협력/독립성	여러 사람과 어울려 일하거나, 자신만의 시간과 공간을 가지고 일할 수 있는가의 환경을 중요하게 여기는 가치
8	사회적 인정	자신의 일이 다른 사람들로부터 인정받고 존경 받을 수 있는지를 중시하는 가치
9	흥미	자신이 좋아하는 것을 중요하게 여기는 가치
10	적성	자신이 잘하는 것을 중요하게 여기는 가치
11	창의성	아이디어를 중요시하고 새롭고 독창적인 일을 하는 것에 대한 가치
12	자율성	일하는 방식과 스타일이 자율적인 것을 중요하게 여기는 가치
13	도전	새로운 일을 해볼 수 있는 기회를 갖는 가치
14	지식추구	지식과 전문성을 쌓아가는 것에 대한 가치
15	리더십	사람들을 이끌고 목표를 이뤄가는 것을 중요하게 여기는 가치

직업 가치관 사탕통

직업 가치관 뽑기

직업 가치관 사탕통에서 단 3개만 뽑을 수 있다면 어떤 사탕을 뽑고 싶은가요?
내가 뽑은 3개의 가치관사탕을 예쁘게 꾸며보세요.

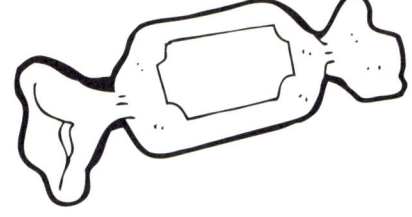

제 1 직업가치

그 가치 사탕을 뽑은 이유

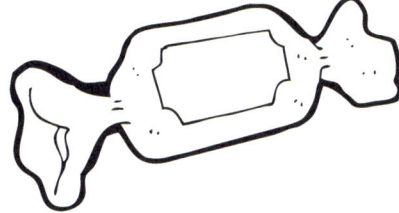

제 2 직업가치

그 가치 사탕을 뽑은 이유

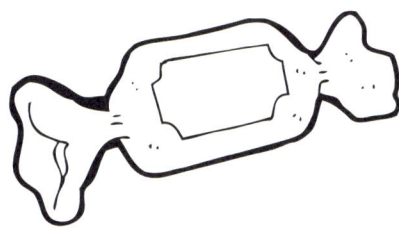

제 3 직업가치

그 가치 사탕을 뽑은 이유

나는 직업활동을 통해 _____, _____, _____를 추구하고자 합니다.

퀴즈 정답 모음

▶▶▶ 숨겨진 직업을 찾아라

점역사
컴퓨터 및 컴퓨터프로그램을 활용하여 일반도서의 문자, 수식, 그림 등을 점자로 바꾸는 사람.

보험계리사
보험회사의 전반적인 위험을 분석·평가·진단하며 보험상품 개발에 대한 인·허가 업무와 보험료 및 책임준비금 등을 산출하는 사람.

외환딜러
외환시장의 추이를 분석하고, 외환의 현물 및 선물을 매매하는 업무를 수행하는 사람.

조향사
다양한 향료를 조합하여 이미지에 맞게 향을 개발하는 사람.

바리스타
커피를 추출하는 사람

게임시나리오작가
기본적인 스토리를 토대로 세부적인 게임시나리오를 작성하는 사람

뉴스캐스터
라디오나 TV의 뉴스프로그램진행자로 뉴스를 전달함과 동시에 알기 쉽게 풀어서 해설해주는 방송진행자

변리사
새로운 기술, 발명, 디자인, 상표 등의 권리취득을 위한 상담과 지원을 해주고, 특허의 취득 및 권리보호를 위한 업무를 대행하는 사람.

관세사
수출입 통관절차를 이행하거나 화주 또는 납세의무자를 대리하여 관세법상 관련된 행정업무를 처리하는 사람.

펀드매니저
수익증권이나 뮤추얼펀드와 같은 간접투자상품을 개발하여 투자고객들에게 판매하고, 투자신탁의 재산을 운용하거나 또는 기관투자가의 펀드를 관리·운용하는 사람.

소믈리에
와인을 취급하는 레스토랑이나 바에서 와인의 구입과 보관을 책임지고 고객에게 적합한 와인을 추천하여 와인 선택에 도움을 주는 사람.

회계사
회계에 관한 용역업무를 계획 및 관리하고, 의뢰인의 위임에 따라 재무회계서류의 작성, 기업의 소득세보고서 작성, 재무회계감사 또는 증명을 하며, 재무서류의 조정, 재무조사 및 기타 회계사무에 관한 상담을 해주는 사람.

아나운서
시청자들이나 청취자들에게 라디오와 텔레비전방송을 통하여 뉴스, 공보, 기타 고지사항을 발표하고, 프로그램을 진행하는 사람.

동시통역사
통역사는 서로 다른 언어를 사용하는 사람들이 의사소통 할 수 있도록 한 언어를 상대 언어로 바꾸어 전달하는 사람으로 국제회의, 세미나, 심포지엄, 행사 등에 참여해 통역을 한다.

성우
라디오, 텔레비전방송, 영화녹음 등에서 연기자의 감정을 실어 목소리로 연기하는 사람.

사서
도서관 자료를 수집하고 정리하며, 보존하는 사람으로 이용자가 신속하고 편리하게 도서관을 이용할 수 있도록 도움을 주는 일을 하는 사람.

사회복지사
현대사회에서 발생하고 있는 청소년, 노인, 여성, 가족, 장애인(장애우) 등 다양한 사회적, 개인적 문제를 겪는 사람들을 대상으로 사회복지학 및 사회과학의 전문지식을 이용하여 문제를 진단하고 평가해 문제해결을 돕고 지원하는 업무를 담당하는 사람.

원예사
가로나 공원, 정원에 꽃이나 나무를 심고 가꾸거나 장비나 나무를 운반하고 나무를 식재할 구멍을 파는 등의 업무를 수행하는 사람.

베타테스터
다양한 소프트웨어나 하드웨어의 출시와 함께 이를 사전에 점검해 주는 전문가.

세무사
개인, 기업 등을 대리하여 납세 신고서를 작성하고, 부당 납부고지서에 대하여 세무서에 이의를 신청하며, 세금의 환급신청과 과세문제에 대해 상담해주는 사람.

농부
정기적으로 쌀을 포함한 곡물류 등을 재배하기 위하여 계획을 세우고 각종 기계 및 방법을 활용하여 목적하는 생산물을 생산, 수확하고 가공하여 출하하는 일을 한다.

관세사
수출입 통관절차를 이행하거나 화주 또는 납세의무자를 대리하여 관세법상 관련된 행정업무를 처리하는 사람.

국회의원
입법과 관련하여 헌법과 법률을 개정 제안·의결하고, 국가재정과 관련하여 정부의 예산안을 심의 확정하고 결산을 심사하며, 일반국정과 관련하여 감사와 조사를 실시하는 사람.

연예인
연예에 종사하는 배우, 가수, 무용가 등을 통틀어 이르는 말.

모델
상품선전이나 예술작품 창작을 위한 다양한 몸 자세, 행동 등을 취하거나 연기를 하는 사람.

요리사
호텔, 레스토랑, 식당 등에서 국, 찌개, 국물요리, 찜, 조림, 무침, 육류, 생선류, 면류 등의 다양한 음식을 조리하며, 주방장은 주방의 책임자로 음식 조리뿐 아니라 조리사를 감독하고 교육·훈련하는 사람.

분장사
영화, 연극, 방송드라마 출연자들의 얼굴을 극의 분위기에 맞게 분장 시키는 사람.

영양사
개인·단체·지역사회를 대상으로 건강증진 및 질병예방과 치료를 위하여 급식 관리와 영양 서비스를 수행하는 사람.

약사
약국과 병원에서 약의 조제와 투약, 복약지도를 하고, 약의 연구개발과 생산에도 관여하는 사람

● 가로세로 직업퍼즐 정답

	세로		가로
1	운동처방사	A	광고마케터
2	이미지컨설턴트	B	회계사
3	치과기공사	C	조경사
4	사회복지사	D	작업치료사
5	모니터요원	E	사이처
6	변리사	F	나레이터
7	머천다이저	G	원예사
8	항공기조종사	H	항해사
9	호텔리어	I	저널리스트
10	이벤트플래너	J	웹디자이너
11	애드마스터		
12	카피라이터		

● 직업의 타임머신 정답

1	역관–통역관	6	훈장–선생님
2	지게꾼–택배원	7	보부상–상인
3	변사–성우	8	의녀–간호사
4	인력거꾼–택시운전사	9	화원–화가
5	중매쟁이–커플매니저	10	원님–시장

● 직업 골든벨 정답

Stage 1

1	2	3	4	5	6	7	8	9	10
○	○	○	×	○	○	○	○	○	○

11	12	13	14	15
○	×	×	○	○

Stage 2

1	2	3	4	5	6	7	8	9	10
×	×	○	×	×	○	×	×	○	×

11	12	13	14	15
○	○	×	×	○

Stage 3

1	2	3	4	5	6	7	8	9	10
○	×	○	×	○	×	○	○	×	○

11	12	13	14	15
×	○	×	○	○

● 이색직업 정답

1. 사이처
2. 카테고리매니저
3. 부르마스터
4. 탄소거래중개인
5. 호텔 컨시어지
6. 애드마스터
7. 변리사
8. 아기변성전문가
9. e-스포츠맵 제작자
10. 장제사
11. 슈가크래프터
12. 폴리아티스트
13. 점역사
14. 테크니컬라이터
15. 조향사
16. 아쿠아리스트
17. 디지털장의사
18. 미스테리샤퍼
19. 헤드헌터
20. 아트워크매니저
21. 소믈리에
22. 레이싱미캐닉
23. 네이미스트
24. 키워드에디터
25. 조주사

IV

뚜벅뚜벅 목표

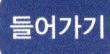 들어가기

꽃으로 피어나다

어두운 흙 속
길쭉이 까만 씨앗 하나
바르르 떱니다.

이젠 나가야 돼..

두려움과 설레임이 가득한 몸짓으로
두터운 흙을 밀어봅니다.

머리 위로 쏟아지는 눈부신 햇살
코 끝을 간질이는 바람이
떡잎을 이고 있는 씨앗을 간질입니다.

먼저 나온 동글동글 딱딱이 씨앗이
수줍게 눈인사를 합니다.
괜찮아…멋지지?

목이 꺾일 것 같은 세찬 바람도
장대처럼 쏟아지는 빗줄기도
머리 위로 기어가는 부지런한 거미도
작은 씨앗에게는 모두모두 놀라운 경험입니다.

파란 하늘위로 둥실 떠가는 흰구름을 보는 사이
작은 씨앗에겐
어느덧 줄기가 생기고 잎이 생기고
연분홍 진분홍 예쁜 꽃을 피웠습니다.

길쭉이 씨앗은
하늘하늘
길 가를 수놓은 코스모스가 되었습니다.

동글동글 딱딱이 씨앗도
노랗고 하얀 분꽃이 되어
나팔을 불어댑니다

그래
우리는
아주 예쁜 꽃이 되었어…
서로 마주보며 미소집니다.

두텁고 차가운 흙을 뚫고 나와 예쁜 꽃으로 피어나는 씨앗은 바로 청소년 여러분 입니다. 청소년 여러분은 아직 어떤 꽃으로 필지 모르는 꿈을 머금은 씨앗이랍니다. 그런데 간혹 꿈을 꼭 가져야 하나요? 라는 질문을 하는 친구들을 만나기도 합니다. 피터팬처럼 어른이 되기 싫어 네버랜드섬으로 가고 싶다는 생각을 할 수는 있겠지만 성장을 멈출 수는 없습니다. 인간은 성장하고 자기실현하는 존재이기 때문입니다.

손으로 잡기도 어려웠던 작은 씨앗이 어떻게 잎과 꽃을 다 가지고 있었을까요? 아마도 자신만의 아름다운 모습으로 피어나기 위해 꿈꾸고 시행착오를 거치면서 인고의 시간을 견뎌냈기 때문에 가능했을 것입니다.

탈출, 결정장애

우리의 삶은 선택의 연속입니다. 오늘 아침 지금 바로 일어날 것인가 5분 더 잘 것인가 부터 시작해서 어떤 옷을 입을까? 버스를 탈까 지하철을 탈까? 와 같은 비교적 일상적인 선택에서 어떤 학교로 진학할지, 어떤 일을 할지, 누구와 결혼할 지와 같은 중대한 선택을 하게 됩니다. 프랑스의 실존주의 철학자 장폴 사르트르는 "Life is C between B and D"라는 말을 했습니다. Birth와 Death사이에는 C가 있으며, 이 C는 Choice로 대표된다고 하였습니다. 이는 우리 인생이 선택의 연속임을 의미합니다.

1. 여러분은 최근에 어떤 선택을 했나요?

2. 여러분이 했던 선택 중에서 가장 중요한 선택은 무엇이었나요?

3. 그렇게 결정을 내린 이유는 무엇인가요?

의사결정은 어떤 문제 상황에서 해결을 위해 몇 가지 대안을 마련하고, 비교하고 선택하는 과정입니다. 이러한 의사결정을 내릴 때 사람마다 선호하는 접근 방식이 있는 데 이것을 의사결정유형이라고 합니다. 나의 의사결정 스타일을 알아봅시다.

나의 의사결정 유형은?

1. 문항의 내용이 자신과 같거나 비슷하면 '그렇다'에 V표하세요

NO	내용	
1	나는 중요한 의사 결정을 할 때 한 단계 한 단계 체계적으로 한다.	
2	나는 나의 욕구에 따라 독특한 의사결정을 한다.	
3	나는 얻을 수 있는 모든 정보를 수집하지 않고는 중요한 의사결정은 거의 하지 않는다.	
4	의사결정을 할 때 내 친구들이 나의 결정을 어떻게 생각할 것인가를 매우 중요시 한다.	
5	나는 의사결정을 할 때 의사 결정과 관련된 결과까지 고려한다.	
6	나는 다른 사람의 도움 없이는 중요한 의사결정을 하기가 힘들다.	
7	나는 어려운 문제에 부딪치면 재빨리 결정을 내린다.	
8	나는 의사결정을 할 때 나의 즉각적인 느낌이나 감정에 따른다.	
9	나는 내가 하고 싶은 것 보다 다른 사람이 어떻게 생각하느냐에 영향을 받아 의사 결정을 한다.	
10	의사 결정을 할 때 나는 시간을 갖고 주의 깊게 생각해 본다.	
11	나는 문제의 본질에 대해 순간적으로 떠오르는 생각에 의해 결정한다.	
12	나는 친한 친구에게 먼저 이야기하지 않고는 의사결정을 거의 하지 않는다.	
13	나는 중대한 의사결정 문제가 예상될 때, 그것을 계획하고 생각할 시간을 충분히 갖는다.	
14	나는 의사결정을 못한 채 뒤로 미루는 경우가 많다.	
15	의사결정을 하기 전에 올바른 사실을 알고 있으나 확인하기 위해 관련된 정보들을 다시 살펴본다.	
16	나는 의사결정에 관해 실제로 생각하지는 않지만 갑자기 생각이 떠오르면서 무엇을 해야 할지 알게 된다.	
17	어떤 중요한 일을 하기 전에 나는 신중하게 계획을 세운다.	
18	의사 결정을 할 때 나는 다른 사람의 많은 격려와 지지를 필요로 한다.	
19	나는 의사 결정을 할 때 마음이 가장 끌리는 쪽으로 결정을 한다.	
20	나의 인기를 떨어뜨릴 의사 결정은 별로 하고 싶지 않다.	
21	나는 의사결정을 할 때, 예감 또는 육감을 중요시 한다.	
22	나는 올바른 의사 결정을 위하여 신중하게 결정을 내린다.	
23	나는 어떤 의사 결정이 마음에 드는 경우, 그 결정을 올바른 것으로 본다.	
24	올바른 의사 결정을 내리는 데에 자신이 없기 때문에 주로 다른 사람의 의견을 따른다.	
25	내가 내린 각각의 의사결정을 일정한 목표를 향한 발전의 단계로 본다.	
26	내가 내리는 의사결정을 친구들이 지지해 주지 않으면 그 결정에 대해 확신을 갖지 못한다.	
27	의사 결정을 하기 전에 나는 그 결정을 함으로써 생기는 결과에 대해 가능한 한 많이 알고 싶다.	
28	나는 '이것이다'라는 느낌에 의해 결정을 내릴 때가 종종 있다.	
29	대개의 경우 나는 주위 사람들이 바라는 방향으로 의사 결정을 한다.	
30	여러 가지 정보를 수집하거나 검토하는 과정을 갖기보다 나에게 떠오르는 생각대로 결정을 내리는 경우가 자주 있다.	

2. 나의 의사결정유형을 찾아 봅시다(그렇다가 많이 나온 것이 나의 유형)

유형	해당문항										(그렇다) 개수
합리적 유형	1	3	5	10	13	15	17	22	25	27	
직관적 유형	2	7	8	11	16	19	21	23	28	30	
의존적 유형	4	6	9	12	14	18	20	24	26	14	

3. 나의 의사결정유형과 유형의 특성을 적어봅시다

4. 나의 유형의 장점과 단점은 무엇인가요?

5. 내가 보완해야 할 점은 무엇인가요?

의사결정의 세가지 유형

심리학자 Harren(1979)에 의하면 의사결정유형은 합리적 유형, 직관적 유형, 의존적 유형으로 나뉩니다. 이는 무엇이 더 좋고 나쁨의 문제가 아니고, 어떤 유형의 특성으로 더 그렇게 행동하는가의 문제입니다. 물론 한 사람이 상황에 따라 세가지 유형을 모두 사용하기도 합니다. 그러나 진로선택과 같은 중요한 결정은 합리적인 선택이 될 수 있도록 연습이 필요합니다.

합리적 유형

의사결정을 논리적이고 체계적으로 한다.
자신과 상황에 대한 정확한 정보를 수집하고 자신의 결정이 미칠 영향에 대해 미리 생각한다.
장점〉 의사결정을 통해 심리적 독립과 성장에 도움이 된다.
　　　잘못되거나 실패할 확률이 낮다.
단점〉 의사결정에 시간이 걸린다.
　　　지나치게 신중한 바람에 기회를 잃을 수 있다.

직관적 유형

의사결정을 할 때 자신과 상황에 대해 감정적으로 평가하는 유형이다.
미래를 고려하기보다 현재 감정과 느낌에 주의를 기울인다.
장점〉 의사결정이 신속하다.
　　　돌발상황에 유리하다.
단점〉 실패확률이 높다.
　　　일관성을 요구하거나 장기적인 일에는 부적합하다.

의존적 유형

사회적 인정에 대한 욕구가 강해서 의사결정 상황에서 자신의 판단과 결단보다는 다른 사람들의 생각과 인정을 중시하여 결정을 내린다.
장점〉 의존 대상이 유능하면 성공가능성이 높다.
　　　사소한 결정에는 유리하다.
단점〉 개인의 독립과 성장에 방해가 된다.
　　　실패했을 때 남의 탓을 하게 된다.

합리적인 의사결정

우리의 일상은 언제나 예기치 않은 일이 일어납니다. 일상에서 어떤 문제에 부딪혔을 때, 상황을 정확하게 인식하고 신중하게 대처하는 사람이 있는가 하면, 상황을 직관이나 타인에 의존해서 문제를 해결하는 사람도 있습니다. 하지만 진로결정과 같은 중요한 결정은 여러 가지 요소를 고려해서 신중하게 합리적인 의사결정을 해야 합니다.

그래서 실제 생활에서 일어나는 문제에 대해 의사결정과정을 미리 경험하고 연습해보는 것이 좋습니다. 다양한 의사결정상황에서 나는 과연 어떤 선택을 할 것 인지 미리 생각을 해 보는 겁니다. 합리적 의사결정을 하기 위해 일상적인 문제를 함께 연습해보도록 합시다.

은주는 운동화를 사러 신발가게에 갔습니다. 마음에 드는 운동화가 너무 많아서 어떤 것을 사야 할 지 고민이 되었습니다. 어떻게 선택하면 좋을까요?

1. 우선 비교항목을 작성합니다.(가격, 기능, 색상 등 자신이 중요하게 생각하는 것, 예를 들어 내가 좋아하는 연예인이 광고모델인가, 친구들이 많이 신는 브랜드인가 등을 추가할 수 있습니다.)
2. 비교항목에 세로로 나의 가치에 따라 가중치 점수를 100점 만점이 되도록 나눠줍니다.
3. 가중치 점수를 기준으로 각 항목마다 점수를 매깁니다.(예를 들어 가중치가 30점일 경우 30점 만점에 몇 점인지 각각의 점수를 줍니다.)
4. 세로로 점수를 더해 최종점수를 구합니다.
5. 최종점수결과 은주가 가장 합리적으로 선택할 수 있는 운동화는 최종점수가 90점인 3번 뉴발** 임을 알 수 있습니다.

❶ 비교항목	❷ (가중치) 점수	운동화 1 나이*	운동화 2 아디**	운동화 3 뉴발**
가격	30	❸ 30	25	20
기능(키 높이 여부)	20	19	10	20
색상과 디자인	20	15	15	20
유행에 민감한 정도	20	10	15	20
착용감	10	10	8	10
❹ 최종점수	100	74	73	90

실전! 의사결정 연습 1

 동아리 가입하기

새 학기가 되어 동아리에 가입해야 하는 시기가 왔습니다.
댄스동아리, 방송동아리, 발명동아리 등 가입하고 싶은 동아리가 너무 많아서 고민입니다.
어떤 동아리에 가입하면 좋을지 정해봅시다.

비교항목	가중치 점수	가입하고 싶은 동아리		
		1	2	3
나의 진로에 도움이 되는가?				
선후배의 관계가 좋은가?				
친한 친구와 함께 할 수 있는가?				
모임시간이 적절한가?				
재미있는가?				
담당 선생님은 누구인가?				
최종선택				

실전! 의사결정 연습 2

합리적으로 직업을 선택하는 연습을 해볼까요?
① 자신이 현재 염두에 두고 있는 직업을 적어보고 각각에 대해 비교해 봅시다.
② 비교항목에 자신이 직업을 선택할 때 중요하게 생각하는 항목을 적어 넣습니다.
③ 여러분이 생각하는 정도에 따라 비교항목에 가중치 점수를 줍니다.
④ 각 희망직업에 따라 세로로 합산하여 점수를 보고 진로 선택 시 참고합니다.

비교항목 예시

성취감, 보수, 봉사, 리더십발휘, 흥미, 적성, 직업안정, 창의성, 지식추구, 사회적인정
협력, 독립활동, 발전성, 근무시간, 복지, 도전, 명예, 유망성, 종교적신념, 부모님 지지 등

비교항목	가중치	희망직업			
		1	2	3	4
보수					
능력(적성)					
재미(흥미)					
안정성					
합계	100				

당신의 꿈은 몇 개입니까?

1944년 미국 로스앤젤레스, 존 고다드라는 이름의 15살 난 소년은 우연히 할머니와 숙모가 나누는 이야기를 듣게 되었습니다. "내가 젊었을 때 이런 일을 했다면 좋을 텐데…"라고 한탄하는 할머니의 말씀을 듣고, 그는 "나는 커서 '무엇을 했더라면…'이라는 후회는 하지 말아야지"라고 다짐하였습니다. 그리고 그는 '나의 인생 목표'라는 제목 아래 127가지의 꿈을 적어 내려갔습니다. 존 고다드의 꿈목록은 "몸무게 80kg 유지하기, 동양의 지압술 배우기, 저서 한 개 갖기"부터 시작해서 "브리태니커 사전 전권 읽기, 나일 강과 아마존 강 탐험하기, 킬킬리만자로 산 등반하기, 이스터 섬 여행하기, 마르코 폴로와 알렉산더 대왕의 원정길 되짚어가기" 등 사소한 목표부터 원대한 꿈까지 다양하게 제시되어 있습니다.

127개의 꿈 목록을 작성해서 111개의 꿈을 현실로 실현한 존 고다드는 이후 세계 최고의 탐험가가 되어 1972년 당시 가장 유명한 잡지사인 "LIFE"가 선정한 '꿈을 성취한 미국인'으로 대서 특필되기도 하였습니다. 존 고다드는 "나는 틀에 박힌 생활을 하고 싶지 않았으며 끊임없이 나의 한계에 도전을 하고 싶었습니다. 독수리처럼 말입니다. 127 항목을 모두 다 이루려고 고민하지 않습니다. 중요한 것은 내가 그렇게 살고 싶었다는 것입니다."라고 말했습니다.

현재 꿈의 파노라마 대표인 김수영씨는 실업고 출신으로 〈도전! 골든벨〉에서 골든벨을

울리고, 한 때 세계 매출 1위 기업인 로열 더치 셸 영국 본사와 세계 최고의 투자은행 골드만 삭스에 입사하는 행운을 얻었습니다. 그러나 기쁨도 잠시, 몸에서 암세포가 발견되었습니다. 그녀는 그 일을 계기로 자신이 하고 싶은 일을 써내려 가는 "꿈 목록"을 작성하게 됩니다. '멈추지 마, 다시 꿈부터 써 봐'라는 책을 통해 우리에게 "꿈이 한없이 멀게 느껴진다면, 소리 내어 말하고, 글로 써보세요. 제가 73가지의 꿈을 적고 어느새 33가지를 이루어낸 것처럼, 꿈 리스트가 강력한 마법의 주문이 되어 줄 거예요."라고 전하기도 했습니다.[25]

존 고다드가 그랬듯이, 우리에게 하루하루는 다채로운 경험 속의 주인공이 될 수 있는 시간이며, 김수영 씨의 믿음처럼 꿈과 현실을 동시에 이룰 수 있는 시간입니다. 꿈 목록을 적고 실천하는 순간, 여러분은 그 꿈의 주인이 될 것입니다.

존 고다드의 꿈 목록

| 탐험할 장소 |
1. 이집트의 나일 강 (세계에서 제일 긴 강)
2. 남미의 아마존 강 (세계에서 제일 큰 강)
3. 아프리카 중부의 콩고 강
4. 미국 서부의 콜라라도 강
5. 중국 양자 강
6. 서아프리카 니제로 강
7. 베네주엘라 오리노코 강
8. 니카라과 니오코코 강

| 원시 문화 답사 |
9. 중앙 아프리카의 콩코
10. 뉴기니 섬
11. 브라질
12. 인도네시아의 보르네오 섬
13. 북아프리카 수단 (존 고다드는 이곳에서 모래폭풍을 만나서 산채로 매장 당할 뻔 했음)
14. 호주 원주민들의 문화
15. 아프리카 케냐
16. 필리핀
17. 탕카니아
18. 에디오피아
19. 서아프리카 나이지리아
20. 알래스카

| 등반할 산 |
21. 에베레스트 산 (세계 최고봉 8848m)
22. 아르헨티나의 아콘카과 산 (남미 최고봉 6960m)
23. 매킨리 산 (북미 최고봉 6194m)
24. 페루의 후아스카란 봉
25. 킬리만자로 산 (아프리카 최고봉 5895m)
26. 터키의 아라라트 산 (노아의 방주가 닿은 곳이라고 알려진 산)
27. 케냐 산
28. 뉴질랜드의 쿡산
29. 멕시코의 포포카테페틀 산
30. 마테호른 산 (유럽에서 가장 험한 산)
31. 라이너 산
32. 일본의 후지 산
33. 베수비오 산 (이탈리아 나폴리 활화산)
34. 자바 섬의 브로모 산
35. 그랜드 테튼 산
36. 캘리포니아의 볼디 마운틴

| 배워야 할 것들 |
37. 의료활동과 탐험분야에서 많은 경력을 쌓을 것 (현재까지 원시부족들 사이에 전해져 오는 다양한 치료요법과 약품을 배웠음)
38. 나바호족과 호피족 인디언에 대해 배울 것
39. 비행기 조종술 배우기
40. 로즈 퍼레이드(캘리포니아에서 해마다 5월에 열리는 장미 축제 행렬)에서 말타기

| 사진 촬영 |
41. 브라질 이과수 폭포
42. 로데시아의 빅토리아 폭포 (이 과정에서 아프리카 흑멧돼지에게 쫓김을 당했음)
43. 뉴질랜드의 서덜랜드 폭포
44. 미국 서부 요세미티 폭포
45. 나이아가라 폭포
46. 마르코 폴로와 알렉산더 대왕의 원정길 되짚어 가기

| 수중 촬영 |
47. 미국 남부 플로리다의 산호 암초 지대
48. 호주의 그레이트 배리어 대암초 지대 (이곳에서 존은 135Kg의 대합조개 촬영에 성공했음)
49. 홍해
50. 피지 군도
51. 바하마 군도
52. 오케페노키 늪지대와 에버글레이즈 (플로리다 주 남부 습지대) 탐험(여행할 장소)

| 여행할 장소 |
53. 북극과 남극
54. 중국 만리장성
55. 파나마운하와 수에즈운하
56. 이스터 섬 (거석문명의 섬)
57. 바티칸 시 (이때 존 고다드는 교황을 만났음)
58. 갈라파고스 군도 (태평양상의 적도 바로 아래의 화산섬)
59. 인도의 타지마할 묘
60. 피사의 사탑
61. 프랑스의 에펠 탑
62. 블루그로토
63. 런던 탑
64. 호주의 아이어 암벽 등반

| 해낼 일 |

65. 멕시코 치첸이차의 성스런 우물
66. 요르단 강을 따라 갈릴리 해에서 사해로 건너가기
67. 중미의 니카라과 호수
68. 빅토리아 호수
69. 슈피리어 호수
70. 탕가니카 호수
71. 남미의 티티카카 호
72. 독수리 스카우트 단원 되기
73. 잠수함 타기
74. 항공모함에서 비행기를 조종해서 이착륙하기
75. 전세계의 모든 국가들을 한 번씩 방문할 것
    (현재 30개 나라가 남았음)
76. 소형 비행선, 열기구, 글라이더 타기
77. 코끼리, 낙타, 타조, 야생말 타기
78. 4.5Kg의 바닷가재와 25cm의 전복 채취하기
79. 스킨다이빙으로 12m 해저로 내려가서 2분 30초 동안 호흡을 참고 있기
80. 1분에 50자 타자하기
81. 플룻과 바이올린 연주
82. 낙하산 타고 뛰어내리기
83. 스키와 수상스키 배우기
84. 복음 전도 사업 참여
85. 탐험가 존 뮤어의 탐험길을 따라 여행할 것
86. 원시 부족의 의약품을 공부해 유용한 것들 가져오기
87. 코끼리, 사자, 코뿔소, 케이프 버팔로, 고래를 촬영할 것
88. 검도 배우기
89. 동양의 지압술 배우기
90. 대학교에서 강의하기
91. 해저 세계 탐험하기
92. 타잔 영화에 출연하기
    (현재 시대에 뒤떨어진 소년 시절의 꿈이 되었다)
93. 말, 침팬지, 치타, 오셀롯, 코요테를 키워 볼 것
    (자기 침팬지와 치타가 남았음)
94. 발리 섬의 장례 의식 참관
95. 아마추어 햄 무선국의 회원이 될 것
96. 자기 소유의 천체 망원경 세우기
97. 저서 한 권 갖기
    (나일 강 여행에 관한 책을 출판했음)
98. 내쇼날 지오그래픽 지에 기사 싣기
99. 몸무게 80Kg 유지 (현재까지 잘 유지하고 있음)
100. 윗몸 일으키기 200회, 턱걸이 20회 유지
101. 프랑스어, 스페인어, 그리고 아랍어를 배울 것
102. 코모도 섬에 가서 날아다니는 도마뱀의 생태를 연구함
103. 높이뛰기 1m 50cm
104. 넓이뛰기 4m 50cm
105. 1마일을 5분에 주파하기
106. 덴마크에 있는 소렌슨 외할아버지의 출생지 방문
107. 영국에 있는 고다드 할아버지의 출생지 방문
108. 선원 자격으로 화물선에 승선할 것
109. 브리태니카 백과사전 전권 읽기 (현재까지 각 권의 대부분을 읽었음)
110. 성경을 앞장에서 뒷장까지 통독하기
111. 셰익스피어, 플라톤, 아리스토텔레스, 찰스 디킨스, 헨리 데이빗 소로우, 에드가 알랜 포우, 루소, 베이컨, 헤밍웨이, 마크 트웨인, 버로우즈, 조셉 콘라드, 탈메이지, 톨스토이, 롱펠로우, 존 키이츠, 휘트먼, 에머슨 작품 읽기(각 사람의 전작은 아니라도)
112. 바하, 베토벤, 드뷔시, 이베르, 멘델스존, 랄로, 림스키 코르사코프, 레스피기, 리스트, 라흐마니노프, 스트라빈스키, 토흐, 차이코프스키, 베르디의 음악 작품들과 친숙해지기
113. 비행기, 오토바이, 트랙터, 윈드서핑, 권총, 엽총, 카누, 현미경, 축구, 농구, 활쏘기, 부메랑 우수한 실력을 갖출 것
114. 음악 작곡
115. 피아노로 베토벤의 월광곡 연주
116. 불 위를 걷는 것 구경하기 (발리 섬과 남미의 수리남에서 구경했음)
117. 독사에서 독 빼내기
    (이 과정에서 사진을 찍다가 등에 마름모 무늬가 있는 뱀에게 물렸음)
118. 영화 스튜디오 구경
119. 폴로 경기하는 법 배우기
120. 22구경 권총으로 성냥불 켜기
121. 쿠푸
    (기제의 대피라밋을 세운 이집트의 제4왕조의 왕)의 피라밋 오르기
122. 탐험가 클럽과 클럽의 회원으로 가입
123. 걷거나 배를 타고 그랜드 캐년 일주
124. 배를 타고 지구를 일주할 것 (현재까지 네 차례의 일주를 마쳤음)
125. 달 여행 ("신의 뜻이라면 언젠가는!")
126. 결혼해서 아이들을 가질 것
    (존 고다드 현재까지 다섯 명의 자녀를 두었음)
127. 21세기에 살아 볼 것
    (그 때가 되면 존 고다드는 일흔다섯 살이 될 것이다)

존 고다드는 생을 마감할 때 까지 자신의 드림리스트를 늘 지니고 다녔습니다. 그리고 시간 날 때마다 꺼내서 자신의 꿈을 읽고 꿈을 이룬 모습을 상상했습니다. 21세기를 살아보는 것까지 127개의 모든 꿈을 이룬 존 고다드는 2013년에 세상을 떠났습니다.

나의 꿈 목록

우리도 존 고다드처럼 해보고 싶은 일, 배우고 싶은 것, 가보고 싶은 곳 등 나의 꿈 목록을 작성해 봅시다. 예) 스핑크스 보기, 부모님 집 사드리기 등

나의 꿈 목록

우리도 존 고다드처럼 해보고 싶은 일, 배우고 싶은 것, 가보고 싶은 곳 등
나의 꿈 목록을 작성해 봅시다. 예) 스핑크스 보기, 부모님 집 사드리기 등

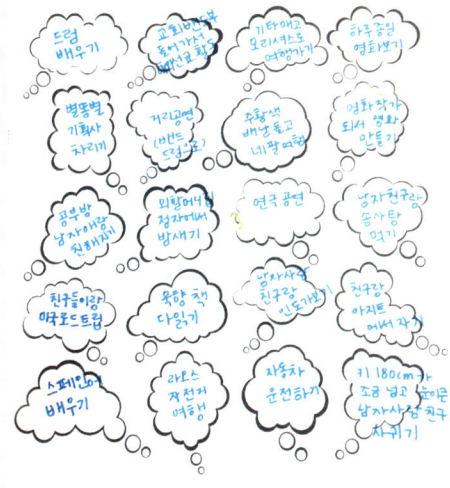

나의 꿈 목록

우리도 존 고다드처럼 해보고 싶은 일, 배우고 싶은 것, 가보고 싶은 곳 등
나의 꿈 목록을 작성해 봅시다. 예) 스핑크스 보기, 부모님 집 사드리기 등

꿈과 비전

꿈목록 쓰기를 하면서 꿈을 종이 위에 적기만 해도 기분이 좋아졌을 겁니다.
그러나 꿈을 그냥 적기만 한다면 그야말로 꿈일 뿐 입니다.
이 꿈을 이루려면 어떻게 해야 할까요? 꿈을 이루기 위해 구체적인 계획을 세우고 행동으로 옮기는 것, 이것을 비전이라고 합니다. 비전은 꿈을 찾아 떠날 때 지도의 역할을 해줍니다. 우리는 여행을 갈 때나 지하철을 탈 때도 분명한 목적지를 정하고 출발을 합니다. 지도를 그리 듯 인생의 분명한 목표를 마음의 종이 위에 그리다 보면 자신이 가고자 하는 방향이 명확해질 것입니다.

마틴 루터 킹 목사는 흑인들을 위한 인권운동에 앞장섰던 분입니다. 킹 목사의 꿈은 흑인의 인권을 회복하는 것이었습니다. 킹 목사가 살았던 때에는 흑인이 버스의 앞자리에도 앉을 수 없었고, 미국인이지만 흑인은 투표권도 없었던 시절이었습니다. 이렇게 암울한 때에, 그는 그의 꿈을 이루기 위해 비폭력 저항운동을 하겠다는 비전을 세웠습니다.
그리고 미국에서 흑인들의 인권을 제약하고 있던 모든 전통과 법령들을 없애려 강연과 다양한 활동을 하였습니다. 1950년대에서 1960년대 초까지, 미국 흑인들은 킹 목사와 함께 각종 불매 운동과 대규모 행진 등 다양한 비폭력 시위를 하였습니다. 그들은 법적으로 흑인들도 동등한 권리를 행사할 수 있도록 보장하고 인종편견을 종식시킬 것을 요구했습니다. 마틴 루터 킹 목사가 가졌던 흑인의 인권해방이라는 꿈이 단지 꿈에 머물지 않고 실현될 수 있었던 것은 구체적인 계획을 행동으로 옮겼기 때문에 가능했습니다.[26]

드림스케치

우리도 우리의 꿈을 비전으로 만들어 보는 활동을 해 볼까요?
비전을 효과적으로 만들기 위해서는 먼저 자신에 관한 다음 질문에 진지하게 대답을 해 봅시다.

내가 좋아하는 것들을 적어보세요.

내가 싫어하는 일은 무엇입니까?

시간과 돈이 무한대로 주어진다면
무엇을 하고 싶나요?

5년 뒤 어떤 장소에서 어떤 모습으로
있기를 원하나요?

10년 뒤 어떤 장소에서 어떤 모습으로
있기를 원하나요?

가장 행복했던 순간은 언제였나요?

해보고 싶었지만 포기한 일은 무엇인가요?

도전해서 성공했던 경험은 무엇인가요?

내가 존경하는 사람은 누구인가요?

다른 사람들에게 어떤 사람으로
기억되고 싶나요?

꼴라쥬로 꾸미는 드림스케치

앞의 질문을 바탕으로 갖고 싶은 것이나 되고 싶은 모습, 가보고 싶은 곳 등을
사진이나 그림으로 그려서 비전을 이미지화 해 봅시다.

드림스케치 방법
1. 도화지나 색지, 여러 가지 이미지가 있는 잡지와 사진, 풀과 가위를 준비합니다.
2. 자신의 이미지를 나타내는 사진이나 그림을 중앙에 붙이거나 그립니다.
3. 앞의 질문을 바탕으로 갖고 싶은 것이나 되고 싶은 모습, 가보고 싶은 곳 등을 이미지로 찾아 자신의 이미지 주변에 배치하여 붙입니다.
4. 목표와 달성기한, 조건을 이미지 아래에 적습니다.

활동샘플

182
두근두근, 꿈과 마주하기

10년 후 어느 날

최근 심리학 연구를 통해서 사람의 마음, 즉 두뇌 활동과 소망 실현과의 관계가 속속들이 밝혀지고 있습니다.

미국 일리노이 대학의 농구팀을 대상으로 한 달 동안 실험했습니다. 선수들을 3팀으로 나누어, A팀은 슈팅연습을 했고, B팀은 연습을 하지 않았으며, C팀은 매일 30분 동안 마음속으로 공을 던져 득점하는 장면을 상상하도록 했습니다. 한 달이 지난 후 놀라운 결과가 나왔습니다. B팀은 진전이 없었고, A팀과 C팀은 25%의 향상을 보였던 것입니다.

북경올림픽의 금메달리스트 장미란 선수는 평소 훈련할 때마다 눈을 감고, 경기장에서 자신이 어떻게 할 지를 머릿속에 그려보았다고 합니다. 실제 경기 전에 이미지 트레이닝으로 무수히 연습했던 것입니다.

골프 천재 타이거 우즈는 심리적으로 부담이 큰 2미터 거리의 퍼팅을 250회 이상 연속해서 성공하는 연습을 했다고 합니다. 주목할 점은 우즈가 퍼팅 전에 공이 홀 속으로 들어가는 상상을 계속했다는 것입니다.[27]

이러한 사례들은 '이미지트레이닝'이 결과에 얼마나 중요한 영향을 미치는지를 보여줍니다. 우리가 머릿속에 이미지를 그려보면 실제와 같은 효과가 나타난다고 합니다. 우리의 뇌는 실제와 이미지를 잘 구별하지 못하므로, 머릿속에 이미지를 선명하게 그릴수록 그 이미지가 실현될 가능성이 점점 더 높아지는 것입니다. 그러므로 마음 속에 있는 꿈을 선명한 이미지로 그릴 수 있는 사람은 꿈에 조금 더 가까이 다가가는 지름길에 서 있는 것과 같습니다. 우리도 각자 자신의 10년 후의 모습을 생생하게 이미지로 그려봅시다.

10년 후 어느 날

10년 후, 어느 날 나의 모습을 상상하며 그 날 하루의 일기를 써 보세요.
시간대 별로 나는 무엇을 하고 있을까요? 뒷장의 이미지를 오려서 예쁘게 꾸며보세요.

년   월   일

시간:	시간:	시간:
시간:	시간:	시간:
시간:	시간:	시간:
시간:	시간:	시간:

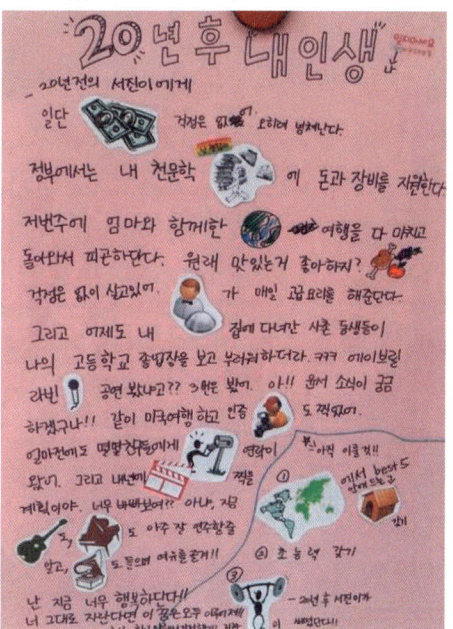

활동샘플

185
Ⅳ. 뚜벅뚜벅 목표

10년 후 어느 날 이미지(오려 붙이기 자료)

••• 위 카드는 부록 213페이지에 있어요. 절취해서 사용하세요.

10년 후 어느 날 이미지 (오려 붙이기 자료)

••• 위 카드는 부록 215페이지에 있어요. 절취해서 사용하세요.

꿈을 이루는 열쇠

1979년부터 1989년까지 하버드 MBA 과정 졸업생들을 대상으로 목표 설정에 관한 연구가 수행되었습니다. 추적조사를 한 결과, 졸업 당시 막연한 꿈은 있었지만 뚜렷한 목표가 없었던 사람들은 전체의 84%나 되었습니다. 이들은 평균 이하의 수입으로 생활하고 있었습니다. 그리고 두 번째, 목표는 있었지만 기록을 하지 않은 그룹은 전체의 13%였습니다. 그래도 이들은 아무것도 하지 않은 학생들보다 평균 2배의 수입을 올리고 있었습니다. 마지막으로 구체적인 목표와 계획을 기록하여 가지고 있었던 학생들은 전체의 3%였습니다. 이 학생들은 나머지 97% 사람들의 수입보다 10배나 더 높은 수입을 올리면서 사회를 이끄는 지도자 층이 되어 있었습니다. 성공하는 3%의 사람들이 다른 사람들과의 분명한 차이가 있었습니다. 꿈과 목표를 글로 썼던 것입니다. 그것이 목표를 달성하게 하고 꿈을 현실로 만드는 열쇠가 되어 주었습니다. 이렇게 목표를 글로 써놓으면 하는 일에 신념을 갖게 하며, 집중하게 하고, 시간을 덜 허비하게 되고, 목표에 대한 기대감을 주는 좋은 점이 있습니다.[28]

하버드 MBA 과정 졸업생들을 대상으로 목표 설정에 관한 연구 (1979년~ 1989년)

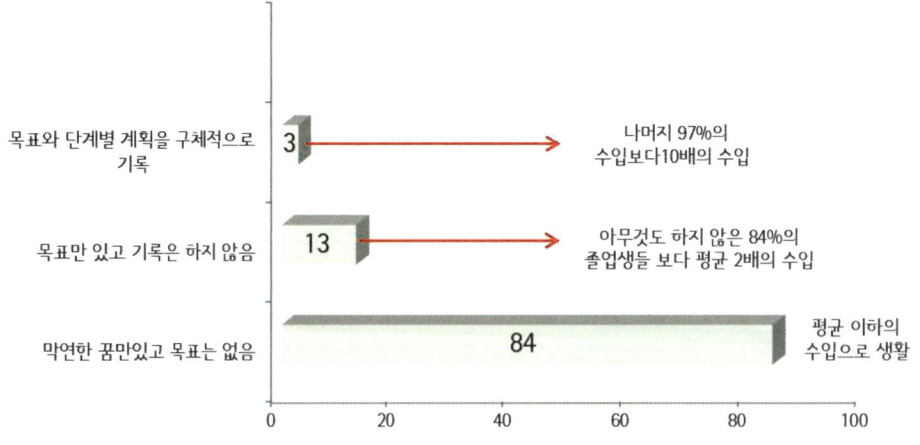

SMART 목표설정

이제 대략의 목표를 세웠다면 그 목표를 달성하기 위한 구체적인 계획을 세워봅시다. 대부분 사람들은 목표가 없어서가 아니라, 그 목표를 어떻게 세웠느냐에 그 성공의 여부가 달려 있습니다. 좋은 목표 설정을 위해서 가장 많이 알려진 것이 바로 SMART 목표설정 기법입니다.

SMART 목표 설정 기법을 살펴보면 다음과 같습니다.

첫 번째, Specific 즉 목표는 구체적이어야 합니다. 좋은 목표가 되려면 자신이 정확히 무엇을 달성하려 하는지에 대한 구체적인 기술이 필요합니다. 예를 들어, '부지런하고 성실한 사람이 되겠다'라는 목표는 좋은 목표이기는 하나 매우 추상적입니다. 성실한 사람이 되기 위하여 '매일 아침 6시에 일어나겠다' 혹은 '~올 단 한 번도 지각하지 않겠다'와 같이 구체적이어야 합니다.

두 번째로 Measurable, 목표는 측정할 수 있어야 합니다. 목표는 반드시 평가가 가능해야 합니다 '다이어트를 하겠다.' '독서를 하겠다'와 같은 말은 목표가 수치로 나타낸 것이 아니어서 나중에 목표 달성 여부를 판단하기 어렵습니다.

세 번째, Achievable은 목표란 달성이 가능해야 합니다. 자신의 능력에 맞지 않는 과도한 목표는 결국 작심 삼 일을 또 한 번 경험하게 할 것입니다.

네 번째 Realistic이란 자신의 상황에서 현실적이고 타당한 목표이어야 한다는 것입니다. 목표는 자신에게 꼭 필요하고, 자신의 상황에서 가능한 지를 한 번 더 생각하고 정해야 합니다.

다섯 번째 Time-limited라고 하는 목표 달성 시기에 관한 것입니다. 지금 내가 세운 목표들을 언제까지 달성하겠다는 기한을 정해 놓지 않으면 그 목표는 점점 미뤄지게 될 것이고, 결국 내가 세웠지만, 나의 목표가 아닌 게 될 수 있습니다.[29]

목표다트

목표다트 보드를 활용하여 학업, 대인관계, 진로, 건강분야에서 원하는 목표를 이루기 위한 SMART한 계획을 세워보세요. 원 밖으로 갈수록 좀 더 수량화하거나 기한이 있는 세부적인 목표를 적어나가면 됩니다. [30]

_____의 목표다트

목표다트 예시

_____의 목표다트

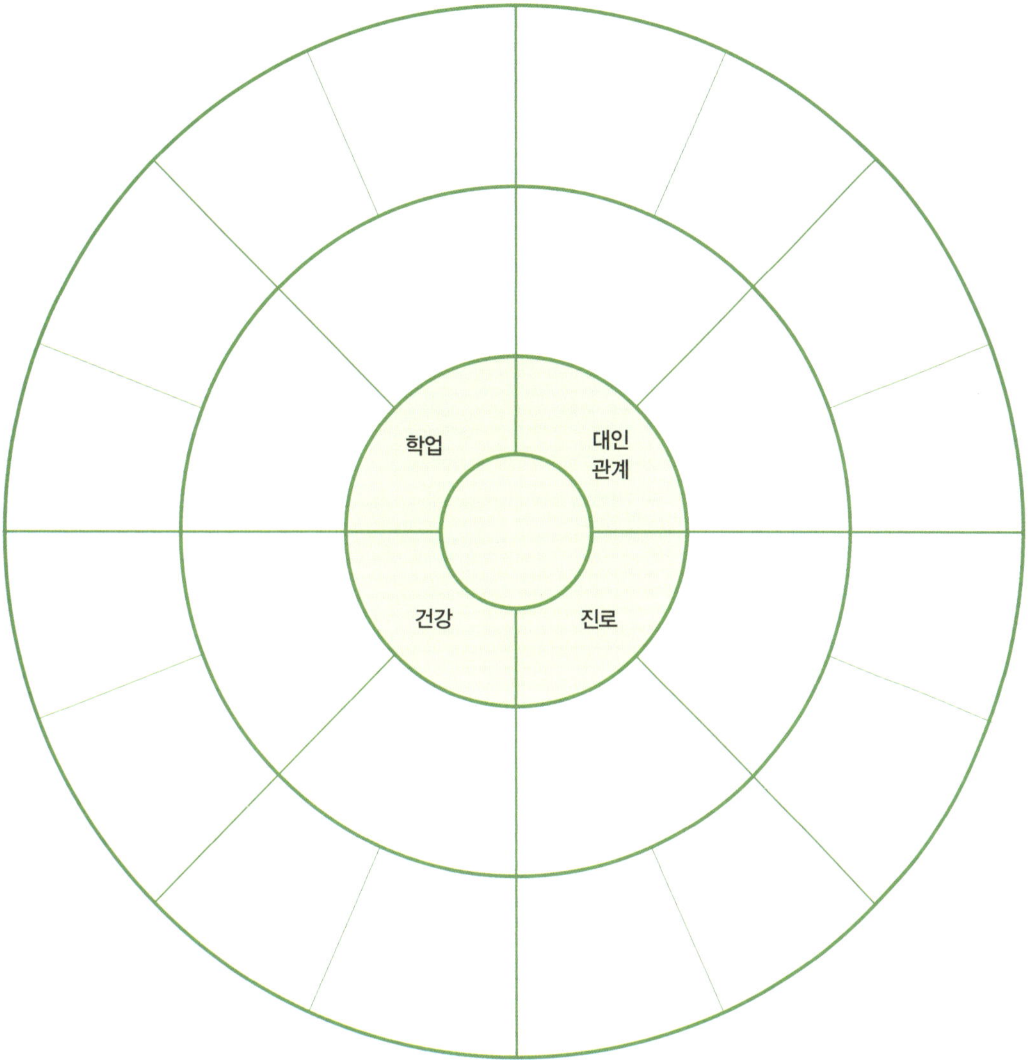

학업　대인관계

건강　진로

꿈의 여정(Career Path)

커리어 패스(Career Path)란 말을 들어본 적이 있나요? 커리어패스란 진로에 있어서 목표에 도달하기까지의 '과정'을 말합니다. 커리어 패스는 개인의 능력과 교육, 경력, 그리고 개인의 목표에 따라서 다양하게 설정될 수 있습니다. 예를 들면 항공기 정비사가 되기 위해서는 꼭 항공관련 학과인 항공/기계공학, 전기/전자공학, 산업공학, 금속/재료공학과 같은 4년제 대학을 졸업하는 길만 있는 것이 아니라 전문대학을 졸업하고 항공사의 인턴 정비사가 되는 방법이 있고, 고등학교를 졸업하고 메이저 항공사의 훈련원에서 2년 정도의 교육과정을 이수하고 입사하는 길도 있습니다. 최근에는 항공과학고와 같은 특성화 고등학교를 졸업하여 항공정비훈련생으로 들어가는 길도 생겼어요. 이처럼 커리어 패스는 다양하기 때문에 나의 능력과 여러 환경적 조건을 고려해서 목표를 설정할 수 있습니다. 그리고 아직 자신의 미래에 대한 목표가 불명확하거나, 목표는 있지만 어떠한 경로를 거쳐 도달할 수 있을 지 모를 때도 유용합니다. 커리어 패스가 청사진이 되어 현재 자신에게 부족한 점과 더 계발할 점을 생각해 볼 수 있기 때문입니다. 실제 국제기구에서 근무하고 있는 홍정완씨와 심은아씨의 커리어 패스 사례를 살펴보면 유엔직원이 되는 길이 매우 다양함을 알 수 있습니다. 우리도 내가 되고 싶은 직업인의 커리어패스를 찾아보고 어떤 경로를 거쳐 목표를 이룰 것인지 생각해봅시다.

커리어패스사례 1	커리어패스사례 2
심은아씨는 어린 시절 미국에서 살다가 귀국해서 간디 학교에 입학했고, 고등학교 2학년 때 수시에 합격했습니다. 고등학교 3학년 때 배낭여행을 떠났던 것이 계기가 되어 현재는 유엔난민기구에서 근무하고 있습니다.	홍정완 씨는 현재 유엔 본부 사무국에서 3년 넘게 IT 관련 일을 하고 있습니다. 세계로 시야를 넓히고 봉사에 관심을 갖게 되면서 유엔에서 일하고 싶은 꿈을 키웠습니다. 학력도 낮고 경험도 없고 나이는 많던 그는 치열한 노력과 열정으로 마침내 꿈을 이뤘습니다.[31]

대학을 다니며 NGO단체 '피난처'에서 활동.	전문대학 무역학과 졸업, 천리안 PC통신에 관심을 갖고 컴퓨터를 배움.

영국에서 사회인류학공부, 난민동아리 대표로 활동.	26살에 필리핀에 국제협력단의 봉사단으로 뽑혀 컴퓨터 관련 일을 함. 당시 사회복지학을 전공한 여자친구가 자극이 되었음.

대학 2학년 때 말레이시아에서 인턴십.	2년간의 KOICA를 마치고 나서는 미국 유학을 결심. 콜로라도 주립대에 편입. 경영정보학을 전공. 중국집 배달 일을 하며 생활비를 벌었음.

옥스포드대학원 입학, 유엔난민기구 제네바에서 스카우트제의.	유엔에 들어가기 위해 뉴욕대에 소속되어 있던 폴리테크닉 대학에서 석사 공부를 시작.

유엔난민기구 인도네시아 자카르타에 입사.	6개월간의 면접 2년의 인턴과정을 거쳐 같이 일했던 부서의 동료추천으로 35살에 유엔에 정규직으로 입사.

꿈의 여정

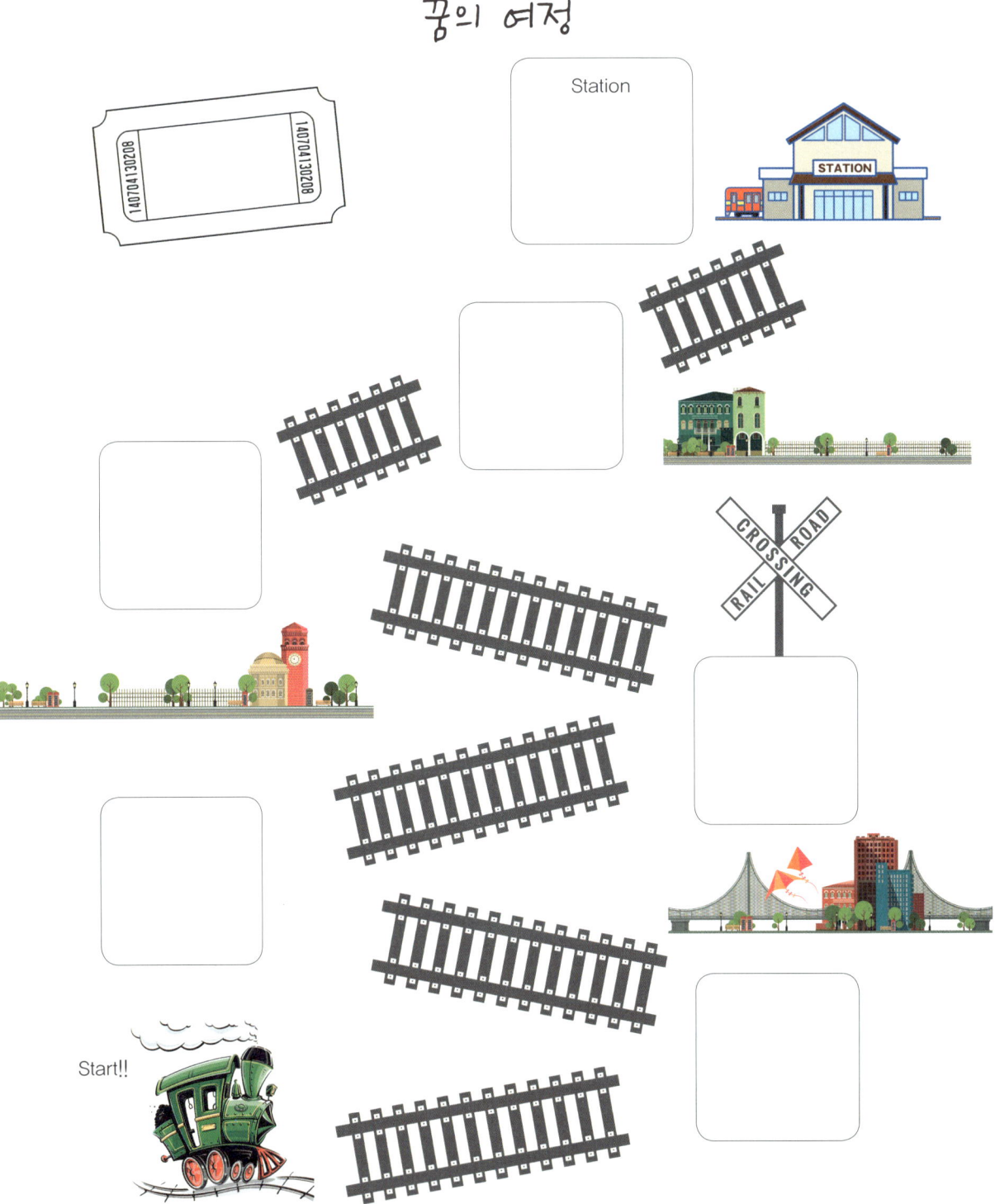

활동샘플

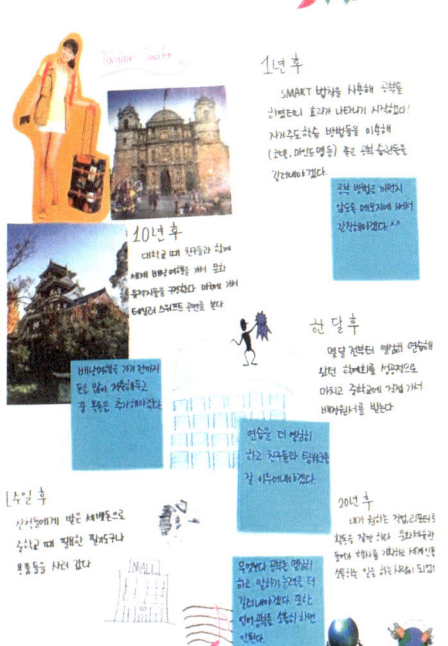

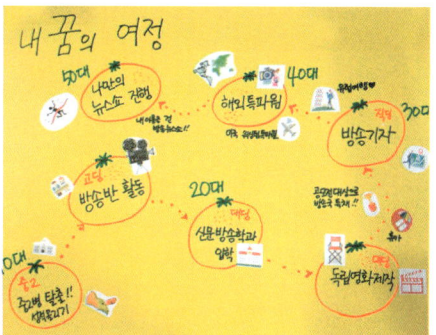

IV. 뚜벅뚜벅 목표

꼭! 이루마 선언문

어떤 삶을 살고 싶은지 명확하게 알기 위해 사명과 비전을 문장으로 나타내면 도움이 됩니다. 사명을 글로 쓰고 다른 사람 앞에서 선포한다면 꿈을 이루어 가는데 필요한 용기와 힘을 얻을 수 있기 때문입니다. "꼭!이루마 선언문"을 통해 목표를 실천하는데 도움이 되고, 포기하고 싶은 순간에도 의욕을 잃지 않게 될 것입니다. 나에 대해 진지하게 생각하고 사명을 이루기 위한 삶을 살 수 있도록 나만의 선언문을 작성해봅시다.

"꼭!이루마 선언문"은 내 생애를 통해 '어떤 가치'를 실현할 것이며, 그것을 달성하기 위해 '어떻게' 해 나갈 것인가를 명료하게 표현한 문장입니다. 짧은 글 안에 나의 강점, 추구하는 가치, 희망직업, 공헌하고 싶은 내용이 담겨, 삶의 방향을 결정하는 데 도움을 줄 수 있습니다.

선언문 작성의 단계는 다음과 같습니다.

꼭! 이루마 선언문 작성단계

Step1 : 자신의 강점 3가지 쓰기

Step2 : 자신이 추구하는 직업가치 3가지 쓰기

Step3 : 합리적 의사결정으로 찾은 희망 직업 쓰기

Step4 : 직업을 통해서 사회에 기여하고 싶은 내용 쓰기

꼭! 이루마 선언문 작성

Step. 1

나의 꿈을 이루는데 날개가 되어줄 나의 강점들은 무엇이었나요? (성격강점, 다중지능, 흥미)

Step. 2

내가 일을 통해 이루고 싶은 가치들은 무엇이었나요? (직업 가치관 뽑기 참조)

Step. 3

의사결정 연습을 통해 내가 결정한 직업은 무엇이었나요? (실전 의사결정연습2 참조)

Step. 4

내가 일을 통해 사회에 기여하고 싶은 내용은 무엇인가요?

우리 모두에게는 각자 한 가지 이상의 강점이 있습니다. 내가 가진 강점을 잘 개발하고 발휘하면 나의 삶이 윤택해지고 행복해지는 것은 물론 우리가 사는 공동체에 유용하게 쓰일 수 있습니다. 꼭! 이루마 선언문은 내가 가진 강점을 바탕으로 우리가 함께하는 세상에 기여하고자 하는 바를 마음으로 다지는 글이기도 합니다.

여러분은 어떤 분야에서 어떻게 기여하고 싶은지 생각해 보고 적어보세요.

> 아래의 단어들 중 내 가슴을 두근거리게 만드는 단어는 어떤 것인가요?
> 그 단어를 활용하여 사회에 기여하고 싶은 내용을 완성해보세요.

제공하다 세우다 선물하다 개선하다 협력하다 소통하다
치유하다 화해하다 누리다 발명하다 줄이다
꿈꾸다 돕다 봉사하다 이끌다 즐기다 구하다
여행하다 헌신하다 키우다 만들다 가르치다 개선하다
창조하다 그리다 발견하다 이루다 말하다
설계하다 모험하다 쓰다 사랑하다 연합하다

예시

~ 을 위해 ~~을 만들거야
~ 에게 도움이 되는 사람이 될 거야
~ 를 개선하는 일을 할 거야
~ 를 위해 봉사할 거야

꼭! 이루마 선언문

나 _____ 은

_____ 강점을 발휘하여 _____ 직업활동을 통해
     (강점)   (직업)

_____ 를 추구하고자 한다.
       (직업가치)

나는 평생의 삶을 통해 _____ .
                    (이루고 싶은 것, 사회에 이바지하고 싶은 내용)

날짜 :

서명 :

나 __홍길동__ 은

__신체운동지능__ 강점을 발휘하여 __경찰__ 직업활동을 통해
　　(강점)　　　　　　　　　　　　(직업)

__안정성과 봉사__ 를 추구하고자 한다.
　　　(직업가치)

나는 평생의 삶을 통해 __이 사회가 따뜻하고 안전한 사회가 되는데 기여하겠다__.
　　　　　　　　　(이루고 싶은 것, 사회에 이바지하고 싶은 내용)

나 __심청__ 은

__창의와 예술성__ 강점을 발휘하여 __작곡가__ 직업활동을 통해
　　(강점)　　　　　　　　　　　　(직업)

__흥미와 창의성__ 을 추구하고자 한다.
　　　(직업가치)

나는 평생의 삶을 통해 __사람들에게 위로가 되는 음악을 선사하고 싶다__.
　　　　　　　　　(이루고 싶은 것, 사회에 이바지하고 싶은 내용)

활동샘플

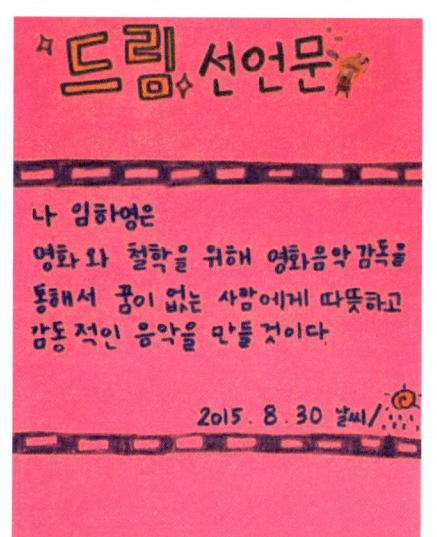
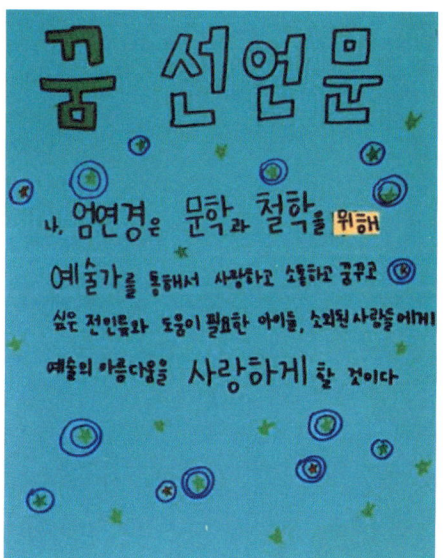

자유학기제
15주 프로그램 예시

"두근두근 꿈과 마주하기!!"

단계	회기	활동제목	활동내용
1단계 : 토닥토닥 마음	1회기	오리엔테이션 및 라포형성	강사 및 프로그램 소개 이름꾸미기
	2회기	나를 나답게	알쏭달쏭 나 신비한 그릇 나를 사랑하기
	3회기	내 감정 알아주기	감정퍼즐 감정스토리 사감바로 내 감정 표현하기
	4회기	스트레스 관리	나의 스트레스 나를 힘들게 하는 것 감사쪽지
2단계 : 무럭무럭 강점	5회기	Self-Marketing기	나 이런 사람이야 Self-Marketing
	6회기	다중지능으로 강점찾기	다중지능검사 강점피자 만들기
	7회기	성격강점	성격강점 BEST 3 나의 강점지수는? 강점뉴스
	8회기	제3의 강점, 흥미	고래의 꿈 홀랜드 유형별 꼴라주 작업
3단계 : 두런두런 직업	9회기	퀴즈로 알아가는 다양한 직업	직업 O X 퀴즈 직업골든벨 직업갤러리
	10회기	직업의 생로병사	직업 타임머신 이색직업 직업정보 알아보기
	11회기	미래 직업 메가트렌드	무한상상 직업
4단계 : 뚜벅뚜벅 목표	12회기	탈출! 결정장애	나의 의사결정 유형은? 합리적 의사결정 실전 의사결정1,2
	13회기	꿈과 비전	나의 꿈목록 꼴라주로 꾸미는 드림스케치
	14회기	꿈을 이루는 열쇠	목표다트 꿈의 여정(커리어패스)
	15회기	꼭! 이루마 선언문	직업가치 뽑기 꼭! 이루마 선언문 작성 및 낭독 피드백 나누기

〈자료출처〉

1) 우쓰기 미호 지음, 장지현 역(2008) : 『치킨마스크』, 책 읽는 곰
2) 김은실, 손현동(2015) : 『자존감 향상 프로그램』, 학지사
3) 간디의 일화 – http://blog.daum.net/captaingihyun/690
4) 최현석(2011) : 『인간의 모든감정』, 서해문집
5) 최성애, 조벽(2012) : 『청소년 감정 코칭』, 해냄 출판사
6) 조현(2009) : 『성공하는 사람들의 7가지 황금법칙』, 미네르바
7) 스트레스해결법에 대한 강연 일화 – http://postshare.co.kr/archives
8) 김주환(2011): 『회복탄력성』, 위즈덤하우스
9) 서울시 교육청(연세대학교 김주환 교수팀 개발)
10) 에이미 멀린스 이야기 – https://story.kakao.com/ch/trendhunting
11) www.youtube.com, Rabbit and Turtle story(amazing version)
12) 성격강점목록 : Peterson, Seligman VIA(Values in Action) 성격강점분류체계, 재구성
13) 조앤롤링 이야기 – https://ko.Wikipedia.org/wiki/J._K._롤링
14) 아이비리그 졸업생들 연구 – SBS스페셜 146회 인재전쟁
15) 공병호(2008) : 『미래인재의 조건』, 21세기북스
16) 페르미추정 – http://cafe.naver.com/kkoomforum
17) 100점짜리 인생을 위해 필요한 것 – 진대제, 『열정을 경영하라』, 김영사
18) 김봉환, 정철영, 김병석 공저(2006) : 『학교진로상담』, 학지사
19) 워크넷(www.work.go.kr)
20) 숭실 석좌 강좌 2015.10.15. 토마스 프레이 초청강연 내용 중 일부 참조
21) 해피 캠퍼스 http://www.happycampus.com/doc/12760091, nagizang
22) 워크넷(www.work.go.kr)
23) 승무원채용 – http://m.blog.daum.net/scksy/657#
24) 의사결정유형검사 – 양운택 외 5인(2012):『중학교 진로와 직업』, 학국고용정보원
25) 김수영, 『멈추지 마, 다시 꿈부터 써봐』, 웅진지식하우스
26) 마틴루터킹 이야기 – https://ko.wikipedia.org/wiki
27) KBS 다큐스페셜 마음6부작
28) 브라이언트레이시 지음 정범진 역(2003), 『목표 그 성취의 기술』, 김영사
29) SBS스페셜 352회 목표관련 '만시간의 법칙' 다큐방송
30) 김세우(2007), 『인생을 성공으로 이끄는 셀프 리더십 비전』, 한솔아카데미
31) 커리어넷(www.careernet.go.kr)의 진로교육자료 커리어패스 사례집

부록

창의성 (creativity)

어떤 일을 할 때 새롭고 생산적인 방식을 생각해내는 능력 아이디어가 많은 사람

호기심 (curiosity)

모든 것에 궁금증이 많고 새로운 것에 흥미를 갖는 능력 탐험과 관찰을 즐김

배려 (consideration)

다른 사람을 도와주거나 보살펴 주려는 마음 타인의 입장에서 필요한 것을 채워주려고 함

학구열 (love of learning)

새로운 기술이나 지식을 배우고 익히려는 열정 독서, 박물관탐방 등을 좋아함

지혜 (wisdom)

사물이나 현상에 대해 폭넓은 관점에서 생각하고 사물의 이치를 깨닫는 능력 다른 이들에게 현명한 조언을 제공함

낙관성 (optimism)

미래에 대해 긍정적인 생각과 감정을 갖는 능력 난관에 부딪쳐도 용기와 희망을 잃지 않음

친절 (kindness)

다른 사람에게 호의를 베풀고 선한 행동을 하는 능력 다른 이들을 대하는 태도가 정겨움

대인관계 (interpersonal relation)

다른 사람과의 관계나 상호작용을 원만하게 유지하는 능력

용감성
(courage)

위협, 도전, 난관, 고통으로부터 위축되지 않고 이를 극복하는 능력

끈기
(persistence)

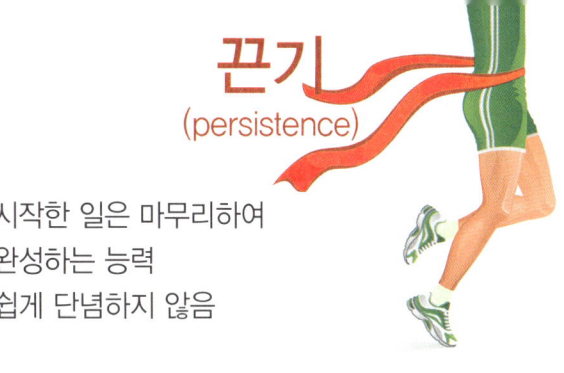

시작한 일은 마무리하여 완성하는 능력
쉽게 단념하지 않음

진실성
(integrity)

자신을 거짓없이 드러내고 책임지는 능력
행동이나 감정에 거짓이나 가식이 없음

신중함
(carefulness)

여러 가지 요소를 모두 고려하여 판단하고 행동하는 능력
나중에 후회하게 될 말이나 행동을 하지 않음

도덕성
(morality)

도덕규범을 준수하고 정의를 실천하려는 마음
양심이라고도 불림

공정성
(fairness)

개인적 감정의 개입 없이 모든 사람을 동등하게 대하고 공평한 기회를 주는 태도

리더십
(leadership)

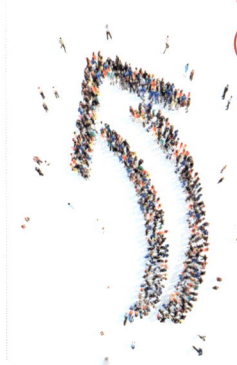

집단활동을 조직하고 이끌어가는 능력
사람들이 소속감을 느끼게 함

의사소통
(communication)

사람들 간에 생각이나 감정을 교환하는 능력
말, 글쓰기, 몸짓 등으로 자신을 잘 표현함

유머
(humor)

어려운 상황에서도 재미있거나
아이러니한 요소를 찾아내어
자신과 타인을
즐겁게 하는 능력
재미있는 말과 행동을 잘함

미래지향성
(future-oriented)

목표를 설정하고 목표를 향해 가는 능력
목표를 이루기 위해 현재의 수고와 노력을
감수하는 태도

자기조절
(self-regulation)

자신의 다양한 감정, 욕구, 행동을
적절하게 잘 조절하는 능력
목표를 위해 게으른 습관을
변화시킬 수 있음

예술성
(artistry)

사물과 주변환경에서
아름다움을 발견하고
나만의 방법으로 표현하는 능력
멋과 감각이 있는 사람

활력
(vitality)

삶의 모든 일에 활기와
에너지를
가지고 임함
열정적인 사람

도전정신
(challenge spirit)

새로운 일을 시작하는 것을
두려워하지 않는 마음
어려워 보이는 일이라도
시도해봄

책임감
(responsibility)

자신이 해야 할 일을
중요하게 생각하는 마음
맡은 일을 끝까지 해냄

감사
(gratitude)

내게 일어나는 일들을 당연시
여기지 않고 고맙게 여기는 마음
감사한 마음을 잘 표현함

직업갤러리 직업리스트(오려 붙이기 자료)

패션잡지 에디터	패션 코디네이터	스타일리스트	영양사
자동차정비원	의복검사원	한복사	무대디자이너
게임그래픽 디자이너	모델	패턴원	재봉원
카메라맨	패션디자이너	자동차디자이너	응용소프트웨어 개발자
프로듀서	부르마스터	기상캐스터	조명기사
자동차공학 기술자	운전기사	카레이서	주차관리원
구성작가	쇼콜라티에	컴퓨터하드웨어 개발자	슈가크래프터
소믈리에	카딜러	판금도장 튜닝원	푸드 스타일리스트
리포터	자동차검사원	메이크업 아티스트	휴대폰 디자이너
아바타 디자이너	컴퓨터 보안전문가	모바일회로 엔지니어	디스플레이 디자이너
파티쉐	컴퓨터 프로그래머	휴대폰 상품기획자	시스템소프트웨어 개발자
요리사	바텐더	모바일컨텐츠기획자	모바일뮤직디렉터
프로듀서	벨소리컬러링작곡가	쇼핑호스트	음향기사

10년 후 어느 날 이미지(오려 붙이기 자료)

10년 후 어느 날 이미지(오려 붙이기 자료)